"演说生产力"澳大利亚墨尔本站，让世界听到来自中国的声音

"演说生产力"日本东京站，让世界听到来自中国的声音

北京领袖游学长城演讲

徽杭古道领袖游学&演讲

龙兄老师"演说生产力"课程现场

龙兄老师参加西藏公益演讲，下飞机后孩子们送上哈达

大胆演讲
一学就会的演讲技巧

龙兄老师带领学员在云南游学

龙兄老师在敦煌戈壁滩面对600位师生，发表"星空下的演讲"

龙兄老师在清华大学演讲

龙兄老师在四川大凉山开展公益演讲

龙兄老师在杭州站主讲第100期"演说生产力"

龙兄老师在苏州站主讲第200期"演说生产力"

SPEECH

大胆演讲

一学就会的演讲技巧

龙兄老师 ◎ 著

电子工业出版社
Publishing House of Electronics Industry
北京·BEIJING

内容简介

这是一本专门为"社恐"、讲话紧张、初次演讲或惧怕公开发言的人准备的演讲技巧速查工具书。全书分3篇共8章，第1篇（第1~4章）为演讲准备篇，主要内容涉及演讲素材的准备、演讲文案的准备、利用ChatGPT工具准备演讲内容，以及制作演讲用的PPT后如何快速记住它。第2篇（第5~7章）为演讲实战篇，主要内容涉及如何战胜演讲时的恐惧心理、如何快速"破冰"、登台演讲时的一些动作，以及如何得体退场和应对突发事件等。第3篇（第8章）为演讲案例篇，介绍了大量经典的演讲案例。通过对案例的学习，读者可以更好地理解和应用所学知识。

本书适合需要提高演讲技巧和表达能力的人学习，包括但不限于在校学生、企业家、销售人员、培训师等。通过阅读本书，读者可以快速学到如何准备演讲、如何与观众建立联系、如何传递信息等。

未经许可，不得以任何方式复制或抄袭本书之部分或全部内容。
版权所有，侵权必究。

图书在版编目（CIP）数据

大胆演讲：一学就会的演讲技巧 / 龙兄老师著.
北京：电子工业出版社，2024. 6. -- ISBN 978-7-121-48079-9
Ⅰ．H019
中国国家版本馆CIP数据核字第2024UW8050号

责任编辑：张慧敏
文字编辑：李利健
印　　刷：三河市君旺印务有限公司
装　　订：三河市君旺印务有限公司
出版发行：电子工业出版社
　　　　　北京市海淀区万寿路173信箱　邮编：100036
开　　本：880×1230　1/32　印张：9　字数：241.9千字　插页：1
版　　次：2024年6月第1版
印　　次：2025年1月第5次印刷
定　　价：59.00元

凡所购买电子工业出版社图书有缺损问题，请向购买书店调换。若书店售缺，请与本社发行部联系，联系及邮购电话：（010）88254888，88258888。
质量投诉请发邮件至zlts@phei.com.cn，盗版侵权举报请发邮件至dbqq@phei.com.cn。
本书咨询联系方式：faq@phei.com.cn。

自　序

"如果你想学习一项技能，还希望这项技能带给自己由内而外的改变，那么这项技能就是演讲。"这是我经常在培训课上讲的一句话，也是我发自内心的感受，因为我自己就是被演讲改变命运的。

我是一个从天津农村考到上海读大学的"24K"纯草根，没有资源，没有人脉，没有任何来自父母和亲戚的支持，只有不自信的状态、不太好看的外表和不服输的决心，就这样一个人开始在上海打拼。

因为学习演讲，我开始让更多的人认识我。我发现只要站上舞台去演讲，就能连接到生命中的贵人，而每一位贵人的出现，都足以改变一次我的人生轨迹。当我不断去演讲后，我的自信心变得更强了，状态变得更好了，领导力也得到了很大提升。

正因为我认识了很多贵人，我获得了很多宝贵的机会；正因为我的能力变强了，我把握住了很多机会。多年以前，当我在一家规模很小的公司工作时，被一位贵人推荐到德国蒂森克虏伯公司，并顺利成为该公司的管理培训师；之后又被一位贵人推荐到苹果公司，在背景和经历都不匹配的情况下，我被破格录用为苹果公司大中华区培训师；还被一位贵人推荐给了他的女朋友，他的女朋友是电子工业出版社的编辑，助力我出版了人生的第一本书。你正在阅读的这本《大胆演讲：一学就会的演讲技巧》是我和电子工业出版社合作的第 5 本书。除此之外，还有贵人把我推荐给喜马拉雅教育培训赛道的负责人，让我的线上课程"小白到演讲高手 20 堂课"顺利上线，并在后来成为喜马拉雅平台演讲类的"爆款"课程。

2017 年，我辞去苹果公司的工作，创立了"坚持星球"，因为我想去改变世界。而我改变世界的方式就是世界改变我的方式，我的人生因为演讲而改变。所以，我也要帮助更多的人提升演讲能力，让中国声音成为世界上最强的声音！

截至 2024 年 5 月，"坚持星球"每月一期的"'开口成金'21 天演讲训练营"已经连续举办了 80 期，线下课"演说生产力"已经成功举办了 234 期，遍布中国所有的一线城市、大部分二线城市，以及海外部分城市。

每一位学员都是我生命中的贵人，我也成了很多学员生命中的贵人。我的学员有政府领导、企业家、连续创业者、培训师、团队领袖、网络主播、作家、行业专家，还有律师、警察和军人等。

有人因为学会了演讲，把企业做得更大；

有人因为学会了演讲，改善了夫妻关系和亲子关系；

有人因为学会了演讲，获得了心理疗愈；

有人因为学会了演讲，事业得到了更好的发展；

有人因为学会了演讲，成为头部带货主播；

有人因为学会了演讲，开创了自己新的副业；

有人因为学会了演讲，出版了自己的书；

有人因为学会了演讲，成为优秀的培训师；

▶ 自序

有人因为学会了演讲，成就了自己的个人品牌。

还有学员因为学习演讲，在"坚持星球"结识到了自己的伴侣。

我发现，大部分人在没有经过系统学习演讲之前，上台都会感到紧张，甚至恐惧，这很正常。"坚持星球"的小伙伴因为学会演讲而获得改变的故事都可以写成几十本书了。

在这本书中，我会教给你一系列从0到1准备演讲的实操方法，助力你大胆演讲。当你大胆地站上舞台演讲时，你就已经赢了。有人说："只要你不尴尬，尴尬的就是别人。"这句话应该改成："只要你不尴尬，别人就不会尴尬。"

我相信，你能通过阅读本书或者参加我的线上/线下培训，从害怕舞台到大胆演讲，进而享受舞台，让演讲成为你的超级生产力！

龙兄老师

前 言

在这个信息爆炸的时代，演讲作为一种高效且直接的信息传递方式，在各个领域都起着举足轻重的作用。商界的领袖、政界的精英、教育界的名师和娱乐界的明星，他们往往通过演讲来传播理念、展现个人魅力，从而影响更多的人。

正因如此，我发现很多人会不由自主地羡慕那些拥有卓越演讲能力的人，并不禁自问："我何时才能像他们那样滔滔不绝、出口成章？"然而，出色的演讲技巧并非与生俱来，而是需要不断学习和实践才能获得。基于这一理念，我创作了这本书，旨在帮助每一位渴望提升演讲能力的朋友。

在这本书中，你将找到一套系统化的演讲方法论、一套详细的实施步骤图，以及一份汇聚各领域优秀演讲案例的集锦。这些内容将为你提供全方位的指导，助你踏上演讲技能提升之路。

为什么写这本书

也许有人会问：市面上关于演讲的图书已经有很多了，为什么还要写这样一本书？

事实上，我和我的团队成员在此之前深入调研了市场上已有的演讲类图书，发现这些图书大多侧重于演讲技巧的传授，缺少对演讲者在演讲准备、内容打磨、突发事件应对等方面全方位的指导。另外，随着人工智能技术的飞速发展，ChatGPT 等 AI 工具在准备演讲的过程中也发挥着越来越重要的作用，但目前很少有演讲类的图书将其纳入指导体系。因此，我们决定打造一本内容既全面，又具有前瞻性的演讲指导手册。

经过一年多的打磨，这本《大胆演讲：一学就会的演讲技巧》终于和大家见面了。

主要内容

全书分 3 篇共 8 章，第 1 篇（第 1~4 章）为演讲准备篇，内容涉及演讲素材的准备、演讲文案的准备、利用 ChatGPT 工具准备演讲内容，以及制作演讲用的 PPT 后如何快速记住它。第 2 篇（第 5~7 章）为演讲实战篇，内容涉及如何战胜演讲时的恐惧心理、如何快速"破冰"、登台演讲时的一些动作，以及如何得体退场和应对突发事件等。第 3 篇（第 8 章）为演讲案例篇，介绍了大量经典的演讲案例。通过对案例的学习，读者可以更好地理解和应用所学知识。

我们希望读者通过学习系统的方法论，再结合实战、案例解析的内容，可以掌握一系列演讲技巧和方法，从而更好地传递信息、影响他人，实现自己的目标。

本书特色

本书写作完成后，我和我的团队成员都非常兴奋，不仅仅是因为我们完成了一个重要的项目，更是因为这本书的全面性和实用性也出乎我们的预料。

总的来说，本书的特色可以归纳为以下5点。

（1）系统性：本书从演讲准备到演讲实战，涵盖了演讲的各个环节，有助于读者系统地掌握演讲技巧和方法。

（2）案例和素材丰富：本书介绍了大量经典的演讲案例，以及实用的素材和工具，方便读者学习和参考。

（3）实用性：本书介绍了大量的演讲技巧，读者可将本书视为一本工具书，在准备演讲的过程中遇到问题时可随时查阅。

（4）结合新型工具：本书介绍了如何借助ChatGPT等AI工具为演讲做准备，读者利用该工具可以快速优化演讲内容，提升演讲效果。

（5）适合不同的读者：本书介绍的都是能够快速落地应用且实操性强的方法和技能。所以无论你是在校学生，还是企业家、销售人员等，都可以从本书中获益。

读者定位

本书适合需要提高演讲技巧和表达能力的人，包括但不限于学生、企业家、销售人员、培训师等。

通过阅读本书，读者可以快速学到如何准备演讲、如何与观众建立联系、如何传递信息等。

配套资源

为了更好地帮助读者学习和实践本书的内容，我们为大家准备了如下资源。

龙兄老师主讲的"三天演讲体验课"。

读者用微信扫描下方的二维码并添加好友后，回复"大胆演讲"，即可领取上述资源。

致谢

在撰写本书的过程中，我得到了许多人的帮助和支持。

首先，要感谢我的家人和朋友，他们一直给予我鼓励和支持，让我有动力完成这本书。

其次，要感谢那些在演讲领域做出贡献的前辈和同行，他们的研究成果和经验给了我很好的启示。当然，还要感谢 ChatGPT 等 AI 工具的开发者，他们开发的工具可以让我更加高效地准备演讲。

最后，要感谢阅读本书的你，正是因为靠想象"你看书的样子"，才督促我一遍又一遍地打磨内容。希望你会喜欢这本《大胆演讲：一学就会的演讲技巧》。

龙兄老师

目 录

第1篇 演讲准备篇

第1章 备点素材，随时开始 ... 001
1.1 明确演讲的关键信息 ... 005
- 1.1.1 演讲前的"灵魂三问" ... 006
- 1.1.2 演讲的六个典型场景 ... 008
- 1.1.3 六个字归纳演讲目标 ... 019
- 1.1.4 对台下观众的预期 ... 021

1.2 准备演讲素材 ... 024
- 1.2.1 一个故事 ... 024
- 1.2.2 一个案例 ... 025
- 1.2.3 一个段子 ... 026
- 1.2.4 一条新闻 ... 028
- 1.2.5 一段金句 ... 029
- 1.2.6 一份报告 ... 030
- 1.2.7 一部电影 ... 031
- 1.2.8 一句古诗文 ... 034

第 2 章　准备文案，游刃有余 039

2.1　演讲文案如何出彩 040
- 2.1.1　耳目一新的标题 040
- 2.1.2　令人印象深刻的自我介绍 043
- 2.1.3　精心准备的开场白 045
- 2.1.4　突出结构的正文 049
- 2.1.5　漂亮的结尾 055

2.2　演讲稿"高大上"的秘诀 057
- 2.2.1　有气势的排比 058
- 2.2.2　有重点的对比 060
- 2.2.3　有节奏的韵律 061
- 2.2.4　有画面的描述 062
- 2.2.5　有格调的对偶 063
- 2.2.6　有条理的数据 065
- 2.2.7　有力量的反复 066
- 2.2.8　言简意赅的古文 068
- 2.2.9　有趣的歇后语 069
- 2.2.10　有共鸣的歌词 071

2.3　激发情感的五个高光时刻 073
- 2.3.1　冷颤时刻 074
- 2.3.2　顿悟时刻 076
- 2.3.3　治愈时刻 077
- 2.3.4　振臂时刻 079
- 2.3.5　"破防"时刻 081

第 3 章　让 ChatGPT 做你的"私人助理" 085

3.1 了解 ChatGPT 的功能 086
3.2 如何利用 ChatGPT 为演讲做准备 090
3.3 用 ChatGPT 搜集素材 090
3.4 用 ChatGPT 打磨内容 093
3.4.1 确定主题 093
3.4.2 拟写提纲 097
3.4.3 丰富素材 102
3.4.4 拟写稿件 103
3.4.5 预设问题 109
3.4.6 视觉建议 113

第 4 章　速记内容，放松身心 123

4.1 制作演讲用的 PPT 124
4.1.1 单页 PPT 设计规则 124
4.1.2 PPT 排版常用技巧 125
4.1.3 选择字体 127
4.1.4 选择音乐 128
4.2 快速记忆演讲内容 131
4.2.1 绘制思维导图 131
4.2.2 建立"记忆宫殿" 133
4.2.3 用故事做引导 135
4.2.4 场景型走动 137
4.2.5 将小标题编成诗 139
4.3 上台演讲前做好身心放松 140

- 4.3.1 洗热水澡 140
- 4.3.2 挑选服装 142
- 4.3.3 看新闻 144
- 4.3.4 听相声 145
- 4.3.5 睡个好觉 145

第 2 篇　演讲实战篇

第 5 章　登台演讲，快速"破冰" 147
- 5.1 战胜恐惧 148
  - 5.1.1 "高能量"姿势 148
  - 5.1.2 充分了解自己的演讲风格 150
  - 5.1.3 外在形象体现演讲风格 151
  - 5.1.4 克服演讲时紧张的方法 152
  - 5.1.5 去除非必要的口头禅 153
- 5.2 快速"破冰" 155
  - 5.2.1 向观众提问 155
  - 5.2.2 一对一采访 156
  - 5.2.3 派发福利 156
  - 5.2.4 善用企业文化 157
  - 5.2.5 巧用地域特色 157
  - 5.2.6 利用观众共性 157
  - 5.2.7 借用他人分享的内容 158
  - 5.2.8 使用特殊数字 159
  - 5.2.9 借助新闻热点 159

5.2.10 重提会议主题 160
　　5.2.11 使用背景音乐 160
　　5.2.12 顺手使用道具 160
　　5.2.13 利用会场环境 161
　　5.2.14 "拉家常"式的互动 162
　5.3 肢体语言和演讲节奏 162
　　5.3.1 眼神 163
　　5.3.2 手势 164
　　5.3.3 身体姿势 166
　　5.3.4 语速 167
　　5.3.5 节奏 168
　　5.3.6 停顿 169

第 6 章　做好结尾，得体退场 173
　6.1 演讲结尾的三要素 174
　6.2 三种常见的错误结尾方式 176
　6.3 六种优秀的结尾方式 177
　6.4 结尾常用金句 182

第 7 章　轻松应对突发事件 187
　7.1 演讲者 189
　　7.1.1 因紧张而忘词 189
　　7.1.2 上台时摔倒 190
　　7.1.3 因紧张而想上厕所 191
　7.2 道具或设备 192

7.2.1 话筒没有声音 193
　　　7.2.2 PPT 出问题 194
　　　7.2.3 突然停电 196
　7.3 观众 197
　　　7.3.1 演讲者突然被观众质问 197
　　　7.3.2 问答环节没有观众互动 199
　　　7.3.3 观众随意离场 200
　7.4 时间 202
　　　7.4.1 演讲时间被缩减 202
　　　7.4.2 演讲时间被延长 203

第 3 篇　案例解析篇

第 8 章　经典的演讲案例 207
　8.1 感人的婚礼致辞 208
　　　8.1.1 根据角色发言 208
　　　8.1.2 致辞结构与内容 214
　8.2 浪漫的求婚告白 220
　　　8.2.1 浪漫的求婚告白是什么样的 220
　　　8.2.2 一个万能的求婚告白公式 ...223
　　　8.2.3 可以借鉴的告白词 224
　8.3 振奋人心的团队宣言 228
　　　8.3.1 战胜恐惧的呐喊 228
　　　8.3.2 团结一心的凝聚力 230
　　　8.3.3 神圣无畏的使命 233

- 8.3.4 真实可信的案例 235
- 8.3.5 对比强烈的落差 236
- 8.3.6 值得追求的愿景 239

8.4 真诚的获奖感言 241
- 8.4.1 经典的获奖感言 241
- 8.4.2 获奖感言四要素 245

8.5 清晰的述职报告 248
- 8.5.1 述职报告注意事项 249
- 8.5.2 述职报告参考结构 251
- 8.5.3 述职报告通用模板 253

8.6 自信的应聘展示 255

8.7 诚恳的道歉信 261

后记 267

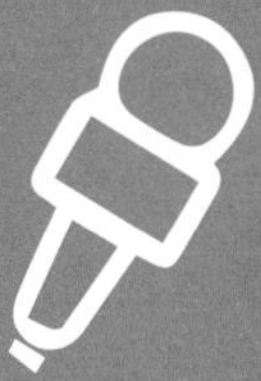

第 1 篇　演讲准备篇

第 1 章

备点素材，随时开始

巴菲特曾说："有一件事你是必须做的，不管你喜欢与否，那就是轻松自如地当众演讲。这可能需要下功夫，这是一种财富，将伴随你五六十年之久；如果你不喜欢这样做，那就是你的不利条件，同样会伴随你五六十年。这是一项必备的技能。"

听讲不如演讲，演讲成就梦想，如果你只学一个技能就可以带给自己一系列的改变，那么这个技能就是演讲。

我们演讲的目的不是成为演讲家，而是让我们具备"演讲+"能力[1]。演讲是一项技能，我们要做的是通过演讲，将生活和工作的各种场景连接起来，解决当下和未来的问题。

演讲＋销售＝厉害的"销讲"＝招商会；

演讲＋职场＝成功率更高的面试＝更高效的工作汇报＝更好地赢得竞聘；

演讲＋线上平台＝短视频或直播＝更好的流量和个人品牌＝主播；

演讲＋控场＝主持人；

演讲＋内容输出＝培训师；

演讲＋家庭＝和谐关系；

演讲＋产品＝发布会；

演讲＋路演＝更高效地融资；

演讲＋朋友圈＝高情商社交；

演讲＋团队＝激发团队斗志；

……

---

[1] "演讲+"能力是指演讲在各种场景下的应用能力。

演讲的舞台有一种魔力，它能无限放大个人的魅力和影响力，放眼整个世界皆如此。第二次世界大战全面爆发后，1940年6月4日，担任英国首相仅25天的丘吉尔，在下议院进行了一场"决不投降"的演讲。他振臂高呼："我们将在海滩上作战。我们将在敌人登陆地点作战。我们将在田野和街头作战。我们将在山区作战。我们，决不投降……"正是这场演讲，为世界反法西斯战争的胜利做出了重大贡献。

说到演讲改变命运，就不得不提美国前总统——奥巴马。奥巴马作为黑人，能够赢得选举，他的演讲能力功不可没。在2008年的那场选举演讲中，他激情澎湃地表示："如果还有人怀疑美国是否仍然是一个可以实现任何梦想的地方，如果还有人对创始人的梦想在我们这个时代是否仍然活着感到疑惑，如果还有人质疑我们民主的力量，今晚就给你们答案。"

"Yes, we can. Yes, we did."（是的，我们能够。是的，我们做到了。）寥寥几语，清楚地展现了奥巴马的信念和对美国理想的承诺，很快便将一盘散沙的民心凝结成了一股绳。

类似的例子太多了。小米创始人雷军通过一场场发布会，把小米产品卖到了全世界，他的英语口语能力虽然被众人嘲笑，但给小米带来了巨大的流量。那句"Are you OK"成为"洗脑神曲"，雷军万万没想到，自己因为一场发布会成为"歌手"；我的前老板史蒂夫·乔布斯，通过发布会，让世人知道了苹果产品，把产品发布会推向了"天花板"的高度；众多学历不高，但敢讲、能讲的"网络红人"通过短视频和直播的方式输出内容，达到了企业一些核心高管和老板们都难以企及的高度,这真的是一个属于舞台输出者的时代!

我作为从天津农村到上海读大学的"24K"纯草根,曾经缺少自信,不会表达,讲话还有些轻度口吃,但我因为开始学习演讲,发生了一系列的改变,十几年时间,几千场演讲和培训,我的足迹踏遍美国、加拿大、日本、韩国、墨尔本、中国香港、中国澳门、中国台湾,以及中国众多的大城市。通过演讲,我有了成就感,树立了自信,也实现了时间自由和财富自由,还实现了"桃李满天下"的美好愿望……

演讲是一个对自己的现在和未来有想法的人的必备技能之一。

我,一辈子为演讲代言。自己努力做到,并呼吁大家做到:一开口,就让世界变得更美好;一开口,就为他人创造价值。

当你选择这本书的时候,也许正面临着以下问题:两个人聊天时,自己说起话来滔滔不绝,但在当众讲话时,却不敢开口;自己不够自信,也感觉魅力值不够,在人群中就是一个不被重视的"小透明";自己工作做得再多,好像升职加薪的都是那些更会表达的人;有一个无法逃避的演讲,却感觉无从下手,又或者是准备了很久,但依然有想放弃的念头;看着别人在线上线下各种舞台上大放异彩,自己既羡慕,又嫉妒,还有点恨……

恭喜你,这本书正是为你准备的,这是一本关于演讲的工具书,书中提供了一整套在各种不同场景下进行演讲的系统性方法,只要你按照书中的内容，在规定的时间内完成规定的动作，它一定能解决你的燃眉之急，让你不再恐惧舞台，而是乐在其中，享受演讲带给自己的成就感和价值感。

1.1 明确演讲的关键信息

有人说，世界上最难的有两件事，一是把自己的思想装入别人的脑袋，二是把别人的金钱装进自己的口袋。作为演讲者，干的就是这两件最难的事。

演讲的本质是通过口头表达的方式传达信心、信息、信念和能量。要想让一支箭正中靶心，至少需要三个要素：一套结实的弓箭、一个清晰的靶心、晴朗无风的好天气。

射程的远近取决于不同结构和材质的弓箭组，靶心的位置决定出箭的角度，外部的天气影响中靶的效果。

这与演讲中的三要素非常相似：完整的结构和内容（弓箭）、明确的演讲目的（靶心）和可控的观众反应（天气），如图1-1所示。

不同的演讲对应不同的结构和内容，不同的演讲目的产生不同的结果，观众的反应影响演讲的效果。了解这个底层逻辑后，我们先来完成一项重要的任务——"灵魂三问"。

完整的结构和内容

明确的演讲目的　可控的观众反应

图 1-1

1.1.1 演讲前的"灵魂三问"

在演讲前，你要回答三个问题，虽然它会占用你一些时间，但这几个问题能帮你梳理清楚结构，减少准备的时间消耗。

1. 第一问：演讲的目的是什么

演讲主要有四大目的：传递信息、娱乐观众、说服他人和激励他人。

传递信息包括：介绍产品、汇报工作、分享图书内容等，给观众带来有价值的信息。

娱乐观众包括：讲段子、讲脱口秀、讲尴尬的经历、与现场观众幽默地互动等，带给观众快乐。

说服他人包括：说服观众购买产品、说服观众接受观点等，也就是要让观众有所行动。

激励他人包括：高三学生的"百日誓师大会"、励志演讲、部队鼓舞士气的演讲、公司年会老板激励员工的演讲等，要让观众产生热血沸腾的感觉。

在准备演讲时，你要想清楚自己的目的是哪一个，并把它写下来，比如：我要通过这场直播，达成成交额为 100 万元的交易；我要让现场观众在 10 分钟内大笑 10 次；我要让现场 90% 的观众定下未来一个月的目标，并做出承诺……

根据不同的演讲目的，对应的就是选择什么样的工具。先大致想一想，也可以参考后面介绍的几种不同的演讲类型，找到想要的答案。

2. 第二问：观众想要获得什么

观众想要从演讲中获得什么，比我们要讲什么更重要。

例如，钓鱼的时候，如果想让鱼上钩，先要思考鱼喜欢吃什么，这就是最基本的用户思维；又如，在购买电钻机时，通常不会有人关心电钻机是否美观，钻头是否昂贵，人们一般只关心墙壁上是否可以被钻出合适的孔。

对于演讲，演讲者需要关注的是观众想通过这场演讲获得什么：获得以前不知道的知识？获得情绪的改变？获得行动力？这些问题要想清楚。

再次提醒作为演讲者的你，要努力做到：一开口就要为观众创造价值；一开口就要努力让世界变得更美好。

3. 第三问：希望观众有什么反应

很多演讲者特别重视自己的演讲稿，他们会检查内容是否完整，语句是否通顺，逻辑是否正确，甚至还会计算演讲稿的字数，希望字数越少越好，因为这样容易被记住。注意，这都不是最重要的，最重要的是希望观众听了你的演讲后有什么收获，这需要你有一个预期。

这个思考过程就是让你模拟观众，换位思考。在演讲过程中，目标观众的哪些行为是你所期待的；想要达到效果，你应该抓住哪些重点；为了避免不应出现的现场效果，你应该注意哪些"避坑点"。

以上问题将在 1.1.4 节给出答案。

1.1.2 演讲的六个典型场景

根据不同的场合和不同的观众，本书总结了六个典型的演讲场景，如图 1-2 所示。

图 1-2

为了方便你快速掌握它们，这里把每个场景的大纲提炼成了三到四个要点，并配有例句，你可以借助本书总结的大纲模板，快速生成一篇"演讲稿"。

1. 获奖感言

发表获奖感言是面面俱到的人情艺术，演讲者要顾全在场的每个人。

中国是讲究人情的社会，荣誉是一个触发人情的敏感因素。很多人既希望拥有荣誉而出人头地，又害怕荣誉让自己过度曝光，引来麻烦。所以很多人的获奖感言总是谨小慎微，唯恐照顾不周。于是，获奖感言就成了体现一个人对人情世故把握的能力，它既不能仅对领导无上限地感谢，又不能冷落身边的同事。因此，在这类讲话中不能顾此失彼，应从三个方面表达比较合适：感谢＋自豪＋行动（如表 1-1 所示）。感谢帮助过你的人；为自己在这个集体中能获得更多的机会和帮助感到自豪；行动是对未来的憧憬及努力的方向。按照这个结构发表获奖感言可顾及在场所有人的情绪。

表 1-1 获奖感言内容结构及案例

步骤	结构名称	案例（演讲训练营学员艺琳荣获冠军后的获奖感言）
1	感谢	非常开心能获得第 75 期演讲训练营的冠军。能取得今天的成绩，我要特别感谢一直陪伴我的各位导师和学长学姐们，是你们的辛勤付出、倾囊相授和努力陪伴成就了今天的我，感恩遇见同期小伙伴，是你们的无条件支持，赐予了我不断前进的力量
2	自豪	我很庆幸做了一个明智的决定，加入"坚持星球"这个美好的大家庭，能够跟龙兄老师一起学习，能够被优秀的导师教练们不断赋能，能够跟来自全国各地的同学们一路同行，这段经历让我荣幸之至，无比骄傲。有幸遇到大家是多么难得的缘分，且行且珍惜

续表

步骤	结构名称	案例（演讲训练营学员艺琳荣获冠军后的获奖感言）
3	行动	今后，我会把演讲能力用在生活和工作的方方面面，让演讲成为我的超级生产力。无论何时开始，重要的是开始以后不要停止；无论何时结束，重要的是结束以后不要后悔。祝愿我们每一个人都可以在"坚持星球"及星球之外的舞台上成为我们最想成为的那个自己

2. 竞聘演讲

竞聘的结果除了成功和落选，还会有一个重要的收获，那就是展示自己。

对于竞聘的职位，你要非常熟悉，这需要提前做好功课。从对自己的重视程度来讲，竞聘演讲确实是需要认真准备一番的。

那么在竞聘演讲中真正要把握的是什么？这里需要提醒的是，我们既不能滔滔不绝地只提自己，也不能指点江山似的谈论职位。你需要讲清楚为什么这个职位只有你最合适。你比别人更合适才是竞聘演讲的关键，因此，这里展示的就是你个人的优势。

展示个人优势不是随便标榜自己，而是有背书，有成绩，有可以证明自己能力的东西。这些有据可查的成绩才是你真正的加分项。

竞聘演讲还应该展示个人的专业能力和魅力。这种演讲模式不同于面试，演讲面对的不仅仅是考官，还要面对群众。另外，还有演讲时长、临场发挥、交流互动的要求，在规定的时间内如何展示自己就至关重要了。

我从 2010 年开始，经历过十几次大大小小极为重要的竞选和面试，其中包括与一位马来西亚人和一位新加坡人竞选国际演讲会大区市场总监，与一位德国人竞选国际演讲会大区区长，与日本、韩国、印度等国家多位大区区长竞选国际演讲会亚洲区负责人，参加难度极大的苹果公司的面试……全部成功。在这里建议竞聘演讲包括三部分结构：自画像、自荐信、承诺书。

一幅有辨识度的自画像，让大家记住你；

一封可以胜任的自荐信，展示自己的优势；

一份真诚的承诺书，让大家看到你的决心和愿景，以及即便落选也能展示出的风度。

下面分享一下我在 2015 年竞选国际演讲会大区区长时的演讲内容，当时是全英文演讲，整理成中文的主要内容如表 1-2 所示。

表 1-2 竞聘演讲内容结构及案例

步骤	结构名称	案例（我竞选国际演讲会大区区长，现场约 400 位投票观众）
1	自画像	开头比较简单： 大家好，我是 Alex Cheng，2008 年加入国际演讲会，今年是第 7 年
2	自荐信	自荐部分主要介绍过去的成绩，这里简单罗列一下： 1. 演讲比赛冠军； 2. 最短的时间成立新俱乐部；

续表

步骤	结构名称	案例（我竞选国际演讲会大区区长，现场约400位投票观众）
		3. 担任小区和中区区长时，全部取得满分的卓越成绩； 4. 全国最年轻的卓越的会员； 5. 担任大区市场总监时，成立俱乐部的数量全球领先； 6. 担任大区教育培训总监时，俱乐部运营质量全球领先； ……
3	承诺书	结尾部分把状态和情感进一步升华到最高： 我的价值观是，要么不做，如果做，就努力做到第一名。如果我当选大区区长，会带领整个大区成为世界第一大区，不仅是美国总部数据排名第一，更是会员满意度世界第一、会员成长速度世界第一、会员成就感世界第一。我们就是世界第一，我相信，我们一定可以做到；我们中国人，一定可以做到，让世界为中国感到骄傲

记得当时在做这个竞聘演讲时，现场爆发出了一阵阵掌声和欢呼声，尤其是最后的承诺部分，我每讲一句，现场掌声就欢呼一次，我的演讲状态和现场观众的状态都非常亢奋，现场氛围达到了高潮。最终，我成功赢得竞选，并用一年时间兑现了承诺。

这里要补充一点，想要竞选成功，除了精彩的现场竞聘演讲，之前的表现和成绩同样重要，做好演讲需要"两条腿"走路，一是在台下努力拿结果，二是提高台上的表现力。

3. 新品发布

新品发布会就是借助产品让观众从痛点到爽点的聚会。

在商业演讲中，新品发布是最常见的一种形式。演讲者通过展示产品的性能与特点，让与会者形成广泛认知，得到与会者的认同。同时，借助产品优势宣传企业文化和品牌影响力。

下面分享一个非常好的新品发布会演讲的结构，即：客户痛点＋产品属性＋独特卖点＋应用场景（如表1-3所示）。比如，乔布斯发布苹果公司的MacBook Air时，先讲到现在的笔记本电脑又厚又笨重（客户痛点），然后推出一台全新的笔记本电脑（产品属性），其独特卖点就是薄，超级薄，全球最薄的笔记本电脑，现场，乔布斯展示的应用场景惊艳全场的人，他把电脑从一个信封中取了出来。不管是从听觉、视觉还是心理感受上，这场发布会震撼了全场所有的人。乔布斯发布iPod时，其介绍方式同样惊艳众人，市面上MP3的普遍问题都是操作麻烦、存储空间小、不能存储很多首歌曲，苹果公司发布了一款全新的音乐播放器，其独特卖点是大容量。关于应用场景，乔布斯讲了一句话：把1000首歌装进口袋！这句话真是绝了。发布会开完后，这款iPod火爆全球，让苹果公司市值不断创新高，之后顺势开发出了王牌产品——iPhone。

表 1-3 新品发布内容的结构及案例

步骤	结构名称	"坚持星球"发布演讲训练营案例（关键信息精简版）
1	客户痛点	上台紧张、讲话没有逻辑、把握不住机会、职场"小透明"……
2	产品属性	21天线上演讲训练营
3	独特卖点	这个训练营非常"666" 第一个"6"：围绕"学练评赛教场"6字箴言，系统地学习，一边学，一边练，一边被教练点评辅导，一边参加演讲比赛，还有机会被认证为导师，以及加入一个非常正能量的"场"。 第二个"6"：有6位专属老师陪伴式的学习，提供"海底捞"式服务。 第三个"6"：系统学习6大演讲模块，自我介绍、即兴演讲、讲好故事、工作汇报、逻辑框架、肢体声音
4	应用场景	参加完21天训练后，可以获得看得见的变化。 在公众场合更有魅力，更加自信，讲话更加生动有逻辑，更好的高情商表达，专注更多职场和事业机遇

注意，如果你的产品已经被真实的用户体验过，也可以搜集他们的体验反馈进行分享。例如，乔布斯在发布完 iPad 之后的一次发布会上，说收到了一名男用户的邮件，该用户表示，他特别感谢 iPad，因为当他在使用 iPad 时，吸引了美女的目光和交流。乔布斯讲完后，全场观众爆笑。

4. 危机公关

危机公关演讲最能考验演讲者的情绪控制力。

对于演讲者，首先启动的是情感沟通的系统，在情绪上将大家稳住。在危机事件的发言中，不要轻易表达自己的观点。

很多时候，将事实陈述出来，危机也就过去了。用事实依据是为了打破人们的猜疑。在当下的舆论环境中，谁弱势，谁就能获得大家的同情，谁强势，谁就被动。所以勇于承认错误，勇于承担损失，积极道歉，获得大家宽容是必要的。在这类演讲中，不要用模糊和抽象的词语，发言的内容要保证每个人都能听懂，越简单的意思越清楚，防止产生歧义，从而造成二次伤害。

这类演讲整体的原则就是减少大众的情绪波动，阻断有争议、有猜测的传播，让事件尽快平息。这里总结了一个危机公关可用的内容结构：事件梳理＋整改措施＋反思和道歉（如表1-4所示）。

表1-4 危机公关的内容结构及案例

步骤	结构名称	案例
1	事件梳理	3月15日深夜，《新京报》记者经过暗访，报道×××三元站点存在以冰鲜鱼充当活鱼、从超过最佳售卖期蔬菜中回收蔬菜等不规范操作。我司已第一时间暂停该站点的运营，经以公司CEO×××作为第一责任人的专项调查和整改小组调查，《新京报》报道的该问题属实。我司感谢媒体的监督，并谨向长期以来信任和支持叮咚买菜的各级主管部门和广大用户表示诚挚的歉意
2	整改措施	3月16日凌晨，公司立即组织力量对全国所有的前置仓和服务流程进行排查，并进行交叉督查，实现活鱼和冰鲜鱼严格区分，加强对已过最佳售卖期限食品的登记和销毁监督，避免类似情况再次发生，并主动向政府主管部门汇报排查

续表

步骤	结构名称	案例
		结果、发现问题及整改方案；深入反思对前置仓的考核机制是否有不人性化之处；加大内部督导力度，同时建立内部举报制度；对现有前置仓监控设备进行硬件升级，实现网络化、可视化、无死角监控，欢迎用户随时介入监督
3	反思和道歉	通过以上系列整改，尽快改变制度规定严、执行监督弱的局面。阶段性整改结束后，将欢迎消费者、媒体和监管部门前往我司前置仓检查，并随时提出改进意见。 安全和品质是生鲜行业的生命线。上海、深圳公司同仁还在为"抗疫保供"奋斗时，曝出如此严重的问题，更反映了公司深层次的管理问题，公司管理层应承担主要责任，知耻而后勇，知责任重要，更要兢兢业业。现对相关问题及整改措施汇报如上，后续排查结果、发现问题及整改方案另报。再次对我司三元站点出现的问题致以诚挚歉意

5. 聚会祝词

聚会是将情感聚在一起的盛会，聚会的人感情深厚，很多事情就迎刃而解了。

在日常生活中的各种聚会，如生日宴会、乔迁宴会、婚庆宴会、同学聚会、家庭聚会、战友聚会等，需要彼此拉近关系，烘托气氛，送去祝福。联络感情最好的出发点就是聚会的人过去共同的经历，所以怀旧的话题能够让人产生美好的回忆，最后送去祝愿，让这段感情升温。简单说来，就是：真诚感谢＋美好回忆＋未来祝愿（如表1-5所示）。

表 1-5 聚会祝词的内容结构及案例

步骤	结构名称	案例（"坚持星球"苏州团队圣诞节聚会）
1	真诚感谢（邀请或赴约）	首先感谢主持人对我的介绍。大家好，我是赵小越，百家姓之首赵，寻求超越自我。 其次感谢这次圣诞联谊会的总导演艾米和所有的幕后工作人员，没有你们的用心付出，就没有这次这么好的相聚。 最后感谢所有来到这里的家人们，谢谢你们选择和我们一起过圣诞，外面寒风凛冽，这里其乐融融，燃起了冬天里的一把火
2	美好回忆	还记得2020年，我刚刚带领星球苏州团队，当时就我、郭郭、牛牛、兴佳、华梅和黄宁几位小伙伴，但是因为我们热爱演讲，心怀梦想，并且有超强的信念希望龙兄老师能多来苏州开课，我们从几个人到一群人，从一群人到一座城，从一家俱乐部到覆盖苏州几十家俱乐部，我们经历了领导自己，到领导团队，再到领导领袖。所以才有了这无数个大大小小的活动，才有了越来越多的人愿意和我们在一起。今天你看到的苏州团队或许没有那么完美，但我们一直在努力，每一年都将更好。我们践行极致、利他、正念的价值观，也愿意用一辈子的时间去帮助苏州100万人因演说而成长，按自己的意愿过幸福的一生。我也期待更多有梦想、有追求、爱学习的小伙伴可以和我们走得更近。就像龙兄老师经常说的，学习而快乐，玩索而有得
3	未来祝愿	最后祝现场的小伙伴们身体健康、情绪舒畅、万事如意、家庭幸福、工作顺利、事业有成。千言万语藏心底，唯举金樽干一杯。请大家共同举杯，为了美好的过去和更加美好的未来，干杯！ 谢谢大家

6. 现场动员

动员就是用充满力量的话说服很多人，让他们感到有意义、有力量，看到了方向，并付诸行动。

动员会是很常见的一种演讲，无论是行动部署、誓师大会，还是主题活动等，都需要在公开场合利用演讲让聚集的参会人员产生情绪共鸣、目标一致，以达到落实行动的目的。

动员型的演讲有三点很重要，即明确目的＋强调意义＋鼓舞人心。2023 年，一个学霸的誓师大会演讲火爆全网，这样的演讲隔着屏幕听起来都会让人热血沸腾，现场的同学更是受到鼓舞。回想我读高三时的"百日誓师大会"，班主任为我们邀请了三位大学刚毕业的新老师进行动员演讲，他认为新老师跟我们的年龄相仿，更能激励我们。结果，第一位老师说："我高考时，一晚上没睡着觉，考砸了"；第二位老师说："我考语文时因为太紧张了，最后写作文时手都发抖"；第三位老师说："高考是我永远的噩梦，实在不想再经历一次。"三位老师讲完后，我们班的女生全体崩溃，胆子小的人被吓哭了，男生也不同程度地受到惊吓……现在想想，如果当时我身边也有能做激励演讲的学霸同学，说不定我就能考上清华了……

下面是上面提到的那位学霸的誓师大会演讲稿。

100 天很短，短到转瞬即逝；100 天又很长，长到可以改变一个人的人生。师长在期待着我们，家乡在盼望着我们，未来在等待着我们。这一次你怎能退缩？

没有人是生来的弱者，没有人是命定的草芥，同样是寒窗苦读，明灯暗灯，我们凭什么甘于人后？同样是披星戴月，夙兴夜寐，为什么不能是我为人先？

百舸争流，奋楫者先，中流击水，勇进者胜。你，那个在黑夜里依然奋笔疾书的你；那个在每次考砸之后，依然咬牙坚持的你；那个每次自惭形秽，却依然踔厉奋发的你，注定不凡！

我们可以不成功，但是我们绝对不能后悔。我们生来就是高山而非溪流，我欲于群山之巅俯视平庸沟壑。我生来就是人杰而非草芥，我欲与虚伪的人之间藐视卑微的懦夫。

数学很难，但我沉迷于解开的瞬间；语文欠佳，但我仍然埋头苦干。少玩一会，我就可以多刷几套试卷，少玩一把，我就能多记几个知识点。早上6点的校园真的很黑，但600多分的成绩真的很耀眼！

将笔下的心血交给长城岁月，渡过时间的河就能听见花开的声音。将晨读的吟诵托付给沉呼的云养，拾取足够多的云翳，便能织就一个美丽的黄昏。让所有过往皆为勋章，让澎湃青春翻涌滚烫。追风逐月莫停留，策马扬鞭正当时，十年寒窗无人问，一举成名天下知！

1.1.3 六个字归纳演讲目标

你的演讲必须要有目标，用六个字简单归纳为：入脑、走心、迈腿（如表1-6所示）。

表 1-6 演讲目标总结

	入脑 （传递信息）	走心 （调动情绪）	迈腿 （促使行动）
演讲类型	竞聘演讲 项目介绍 产品发布 述职报告	获奖感言 危机公关 聚会祝词 仪式活动	群众动员 任务讲解 活动宣讲 年度大会
主要任务	发布、介绍、传播、展现、答疑	祝愿、答谢、道歉、娱乐	说服、激励、号召、布置
演讲要求	思路清晰 传递顺畅 理解容易	情感真实 故事生动 态度谦逊	任务明确 理由充分 强化需求
演讲效果	记忆深刻	升级关系	目标达成
准备重点	PPT、道具、图表、数据	故事、金句、人物、段子	案例、金句、新闻、导图

1. 入脑

入脑就是让观众接收到你要传递的信息。

演讲者是信息发送的主角，观众则是信息接收的主角。演讲的重点是将信息设计成方便观众理解和记忆的形式。因此，我们可以借助 PPT、图表、道具，以及视频影像等工具帮助观众理解和接收。

在演讲时，要求演讲者的思路要清晰、结构要有条理、信息传递要通畅、重点内容要重复，遇到提问时有一定的解答能力。所谓传达，也就是让观众真正接收到信息。

2. 走心

这类演讲的情感元素大于信息内容，目的是与观众的情绪有关联，或是共鸣，或是安抚，或是祝贺，或是感谢。

演讲者要通过演讲的语言和状态将情感传递出去，为观众提供情绪价值。这时不需要什么大道理，也不需要高谈阔论，只要有真实的情感、谦卑的态度、生动的故事，就能达到最终目的。

我们可以在演讲过程中加入自身的感受，与观众有关的回忆故事，可以借助故事、人物、金句、段子，把大家的情绪调动起来，最终改善人与人之间微妙的情感连接。

3. 迈腿

这类以行动目标为导向的演讲，目的是影响观众的信念和态度，从而促进他们行为的积极改变。TED策划人克里斯·安德森说："一次演讲令人惊奇的地方在于，你可以用几分钟的时间启发人们的思想，这几分钟能把人从观众转变为参与者。"其中的关键就是为观众找一个值得行动的理由，可以是完成任务的成就感，也可以是付出奉献的使命感，还可以是参与行动的荣誉感。

为了让这个理由更加充分，我们可以在演讲中加入案例、金句、新闻、导图等内容，在观众理解的基础上强化需求，明确目的，最终完成任务。

1.1.4 对台下观众的预期

大部分的演讲都需要面对很多人，针对缺乏目的性的观众，演讲者需将内容进行调整，以达到满足大多数人的状态。下面概括了演讲现场观众的典型特点，及其对应的演讲所达到的预期效果。

1. 只要观众能安静就可以

当涉及动员观众、危机公关等场景时，我们的目的是让他们安静下来。

此类场景的观众在听演讲初期，情绪通常处于激动的状态，他们往往有自己的主张，有想表达的意愿，对演讲者缺少信任。

所以，你需要通过快速表明身份、带来利益、解决问题，以及许下承诺等方式平复观众的情绪，演讲内容具备控场效果，才能将之后有用的信息进行传递。演讲的内容不要有敏感话题，也不要有斥责、命令的言语。

2. 只要观众不反感就可以

当涉及产品发布、活动宣讲等场景时，只要观众对演讲不产生反感就可以。

在此类场景的演讲中，观众的目的性和注意力都较弱，需要快速为他们找到继续听下去的理由，比如产品的卖点、可以解决实际场景的痛点、参加活动的目的等，要产生短时间吸引人的效果，不能过于枯燥，也不要卖弄专业术语。

3. 只要观众能听懂就可以

当涉及任务讲解、项目介绍等场景时，只要观众能听懂演讲内容就可以。

此类场景的演讲面对的观众了解本次演讲的主题，同时也有自己的预期，不需要有太多的铺垫，演讲者应直奔主题，讲关键点，如任务难点、项目重点等，演讲过程中可增加互动提问环节，得到观众反馈，获得更好的理解。

介绍的内容不要晦涩难懂，也不要平铺直叙，更不要泛泛而谈失去重点。

4. 只要观众能点头就可以

当涉及述职报告、竞聘演讲等场景时，只要观众听完后能点头就可以。

此类演讲面对的观众通常都很专业，具有评判能力。作为演讲者，你一定要表达清晰，要能在演讲中展现出亮点，满足观众的审视标准，得到认可最重要。

5. 只要观众能鼓掌就可以

当涉及获奖感言、答谢致辞、聚会祝词场景时，只要观众听后能鼓掌就可以。

此类演讲面对的观众身份通常较尊贵，注重礼节，或与演讲者有一定的关联。因此，演讲者在演讲过程中主要是表达尊重和谢意，注重场合及礼数，内容上要注意情绪的烘托，要真诚，不要喧宾夺主，也不要高高在上，更不要出风头，使人不悦。

到此，你对演讲准备阶段的工作有了大致了解，接下来需要做的就是搜集演讲所需的素材。这些素材的 80% 是能用在演讲中的故事、人物案例，以及能调动气氛的段子、有格调的金句等，这些素材能使你的演讲内容丰富多样，也能提升你的个人魅力。

1.2 准备演讲素材

"巧妇难为无米之炊"。提前为演讲准备一些经典素材，你也能在短时间内将其派上用场，为你的演讲"锦上添花"。

1.2.1 一个故事

《人类简史》作者尤瓦尔·赫拉利说过，人类社会构建于虚构的故事之上，整个人类社会进步的前提就是发达的"讲故事"的能力。所以，为你的演讲留一个讲故事的位置，相信你的演讲会更吸引人。

假设你的演讲主题是关于榜样类的，你就可以讲"乔布斯手中改变世界的那个苹果"的故事。

有三个苹果改变了世界：一个诱惑了夏娃，另一个砸醒了牛顿，还有一个就握在乔布斯手中。最初，乔布斯因为负担不起学费，只念了一个学期便从里德学院退学。1976 年，21 岁的乔布斯在加州养父母的车库里成立了苹果公司，制造了世界上首个个人电脑，发起了计算机革命。乔布斯是超过 230 个专利的主要发明人或联合发明人，涉及项目从计算机和便携式设备到键盘、电源适配器及电梯。他带着这些专利一步步地把苹果打造成全球最令人羡慕的、最有价值的科技企业。

除此以外，他的许多语录也能给人以启迪。例如，"求知若渴，虚心若愚""你的时间有限，所以不要为别人而活""要尽自己最大能力去做，成功没有捷径""成就一番伟业的唯一途径就是做我所爱"。

去深挖榜样人物的经历，找他的人物传记或查询他有意思的日常，把这类故事搜集起来，用自己的话描述出来。

再如，你想演讲有关无私奉献的主题，就可以找那些"感动中国"的人物，如云南丽江华坪女子高级中学的校长张桂梅。

去了解一下张桂梅老师为什么会独自出现在那么偏远的乡下，为什么身患 20 多种疾病还要坚持把山里的姑娘们教出来，去查查连续 10 年高考综合上线率达 100%，让大山里 1600 多名女孩考上大学的背后有什么不为人知的辛酸。这些都会成为你演讲稿中的亮点。

演讲稿中的故事需要你根据主题去搜寻，网上的知名人物采访稿、人物传记，甚至火爆的电影、电视剧，都能成为你演讲的素材。

实际上，演讲素材有很多，关键是要学会整理，你可以用关键字去网上搜。比如，你的演讲稿需要一个励志的人物故事，此时可以将关键词设为：励志 + 感人 + 正能量。

1.2.2 一个案例

在演讲稿中加入案例，可以增强演讲的说服力，让观众不由自主地跟着你的观点走，并且在内心认同你的观点。

当你在准备演讲稿的时候，发现有些真实案例不方便公之于众，或者并不是每一次都能找到满意的事例时，你应该怎么处理？这时不妨利用假名"张三"来杜撰一个虚构但有一定现实基础的案例。

中国政法大学教授、刑法学研究所所长罗翔就非常擅长用"张三"来进行案例分析。他在B站（哔哩哔哩网站的简称）上利用"张三"的案例来进行普法，获得了千万名粉丝的关注，被网友戏称为"法外狂徒张三"的缔造者。他口中的"张三"基本上就是一个典型的"泼皮无赖"，干过的坏事一大堆，如高铁霸座、伪造证书、耍流氓等。网友们都知道这是一个个杜撰的案例，但依然看得津津有味，就是因为生活中确实有"张三"这样的人物存在。

这需要演讲者有一定的生活阅历，平时要多观察身边的人或事，看看别人碰到事后的第一反应、解决问题的习惯、情绪等。除了身边的人，电视剧、电影中的人物也是不错的观摩对象，仔细观察这些人的性格特征和行为习惯，把它用到你的演讲稿中，会让你的演讲更接地气。

在杜撰"张三"案例时，要注意细节的把握，细节越具体、生动，就越能给观众一种"确有其人"的感觉。从心理学上说，这是一种"合取谬误"，即多重条件"甲且乙"比单一条件"甲"更可能发生的认知偏误。当"张三"案例的细节越多时，观众就越相信你演讲的内容。

1.2.3 一个段子

段子可以通过独特巧妙的构思、幽默诙谐的语言或者意味深长的比喻,把生活中有趣的事组织起来,起到化解尴尬、逗人一笑、给人启迪的作用。而段子之所以有这样的作用,是因为在段子中经常出现了"逆转"或"反差"。下面介绍三类通用的段子。

一类:自嘲式段子

"我每天都坚持仰卧起坐,早晨一个起坐,晚上一个仰卧。"

"我把自己吃得这么圆,就是为了不让别人把我看扁了。"

"为什么那么讨厌我们这些懒人,我们明明什么都没做。"

"每次我一个人走夜路都好害怕,天这么黑,我这么好看,怕别人看不见。"

二类:调侃式段子

"'你压到我头发了',这句话真的很让人羡慕,又有对象,还有头发。"

"去年的目标是要脱贫,没想到先脱了发,果然,凡事都是要从头开始。"

"为什么爱笑的人运气不会太差,因为运气差的根本笑不出来。"

"考研的人越来越多,考上了,我就是知识分子,考不上,就只能当个知识分母了。"

三类:反转式段子

"熬夜对身体的伤害真的很大,所以每次晚睡我都会叫个消夜,好好补一下。"

"假如生活欺骗了你,不要悲伤,也不用心急,因为生活不止会欺骗你，甚至接下来还要揍你。"

"做人要谦虚，多听他人的意见，然后记下来，看看是谁对你有意见。"

"生活不止眼前的苟且，还有未来的苟且。"

"自从记性变差后，很多缺点都不治而愈。比如拖延症，根本不记得拖延了什么。"

这三类段子只是为了抛砖引玉，如果你的演讲稿中需要段子，但是又没有合适的，建议在网络上搜，如在段子网、文案狗、小故事网等网站查找。

1.2.4 一条新闻

如果想让你的演讲体现权威性，提高演讲的真实性和可信度，那么可以适当引用新闻。但是，现在各大媒体平台上的新闻铺天盖地，你要如何去筛选真正有用的、贴合演讲主题的新闻呢？把握好以下三个特征，你就能在冗杂的海量信息中迅速"打捞"到自己的目标新闻。

特征一：新闻来源要权威。

新闻的本质是事实，真实是新闻的生命。所以当你想要引用一条新闻时，首先要确保新闻来自权威机构。不管在哪个平台搜索新闻信息，都要先查看新闻的来源。

这里需要演讲者知道如何判断权威媒体，首先是国家级别的官方媒体，如新华社、《人民日报》等；其次是地方媒体，如《北京日报》《广州日报》等。

特征二：新闻符合"三要素"。

新闻的三要素分别是真实性、时效性、准确性。你在演讲中要引用的新闻，也可以以此作为筛选标准。首先关注的是真实性，新闻要符合客观的现实世界。其次是时效性，最好选择新近发生的。最后关注准确性，即要求新闻的信息准确，避免误导和传播错误的信息。

特征三：新闻无不良导向。

由于演讲是面向一定的人群的，因此有些新闻虽然也满足以上两个特征，但是并不适合在公共场合传播，这也要尽量避免，要避开禁用词和慎用词，避免引起误会。如果演讲的场合极其正式、严肃，建议在网上搜索《新华社新闻信息报道中的禁用词和慎用词》（2019年7月修订），以此为基准对演讲内容进行把关。

1.2.5 一段金句

如果想要增加演讲的含金量和号召力，那么金句自然少不了。一般情况下，在你演讲的开头、观点铺垫及结尾处加入金句，都可以让演讲更有说服力，也更具有艺术感。

在演讲中加入金句之前，你需要思考一个问题：加入金句的目的何在？

金句＝颠覆认知＋激发情绪＋引起情感共鸣。记住这句话后，你就知道应该怎么筛选金句，或者自己也可以撰写"金句体"语录。

举个例子，杨绛先生曾经说过："你的问题在于读书不多而想得太多。"这句话醍醐灌顶，让很多人幡然醒悟。其实，很多问题的症结正是在于读书太少、知识储备不足，以及行动力缺乏。

又如，周国平在《灵魂只能独行》一书中写道："许多人的所谓成熟，不过是被习俗磨去了棱角，变得世故而实际了。那不是成熟，而是精神的早衰和个性的夭亡。真正的成熟，应当是独特个性的形成，真实自我的发现，精神上的结果和丰收。"这段话首先否认了人们所熟知的"成熟"的概念，颠覆认知，再顺势推出自己的理解，以此与读者产生情感共鸣。

金句需要靠平时积累，生活中可以将看到的有用的语句摘抄下来，放入手机备忘录，也可以通过网络快速查找一些名言名句。这里推荐一个名叫"句子迷"的网站，其中就收录了很多优美的句子，你可以使用关键词搜索自己需要的句子。

1.2.6 一份报告

当你在演讲中加入有数据的报告时，你的演讲就能够大大增强真实性和说服力。比如，在展示经济发展形势的时候，不必用过多的文字来描述，只需要将经济发展的整体概况用报告中的数字展示出来，分析增减变化即可。这样，观众一听就信服，一看就明了。

此外，如果你在演讲中需要进行两方对比，不妨也采用数据形式的报告进行不同维度的对比。将数据的最大亮点、价值、特征展现出来，进行组合对比、纵向对比、横向对比，凸显演讲中的观点，也可以让你的演讲脱颖而出。

1.2.7 一部电影

电影显然也是大众喜闻乐见的传播方式，优秀的电影能够给人以精神上的享受。如果你在演讲中加入经典的电影素材，那么这些素材不仅能够唤起观众的回忆，还能拉近你和观众的心理距离，给观众留下良好的印象。

下面准备了 10 部适合用在演讲中的经典电影素材和台词金句，供大家参考。

1.《肖申克的救赎》

- 生命可以归结为一种简单的选择：要么忙于生存，要么赶着去死。
- 懦怯囚禁人的灵魂，希望可以让人感受自由。强者自救，圣者渡人。
- 希望是一件美丽的东西，也许是最好的东西。美好的东西是永远不会死的。
- 每个人都是自己的上帝。如果你自己都放弃了自己，还有谁会救你？

2.《阿甘正传》

- 人生就像一盒巧克力，你永远不知道会尝到哪种滋味。

- "你以后想成为什么样的人？""什么意思，难道我以后就不能成为我自己了吗？"
- 我不觉得人的心智成熟是越来越宽容和包容，什么都可以接受。相反，我觉得那应该是一个逐渐剔除的过程，知道自己最重要的是什么，知道不重要的东西是什么。而后，做一个简单的人。
- 一个人真正需要的财富就那么一点点，其余的都是用来炫耀的。

3.《飞越疯人院》

- 身体可以被禁锢，但自由的信念会被永远传递。
- 你们一直抱怨这个地方，但是你们却没有勇气走出这里。

4.《七宗罪》

- 七宗罪：傲慢、妒忌、暴怒、懒惰、贪婪、贪食、色欲。
- 逃离地狱之路，长而艰难，离开之后，迎来光明。
- 要想别人听你说话，拍拍他的肩膀是不够的，必须给予他震撼。

5.《少年派的奇幻漂流》

- 这里必须说说恐惧，它是生活唯一真正的对手，因为只有恐惧才能打败生活。
- 人生就是不断地放下，但最遗憾的是，我们来不及好好告别！
- 如果我们在人生中体验的每一次转变都让我们在生活中走

得更远，那么，我们就真正体验到了生活想让我们体验的东西。

6.《当幸福来敲门》

- 当你认为最困难的时候，其实就是你最接近成功的时候。
- 如果你有梦想的话，就要去捍卫它。那些一事无成的人总想告诉你，你也成不了大器。
- 你要尽全力保护你的梦想。那些嘲笑你梦想的人，他们必定会失败，他们想把你变成和他们一样的人。我坚信，只要我心中有梦想，我就会与众不同。你也是。

7.《泰坦尼克号》

- 当你一无所有时，你没有什么可以失去。
- 一个人一生可能会爱上很多人，等你真正获得属于你的幸福之后，你就会明白，以前的伤痛其实是一种财富，它让你更好地把握和珍惜你爱的人。
- 我觉得生命是一份礼物，我不想浪费它，你不会知道下一手牌会是什么，要学会接受生活。
- 做出决定并不困难，困难的是接受决定。

8.《无问西东》

- 看到和听到的，经常会令你们沮丧，世俗是这样的强大，强大到生不出改变它们的念头来。
- 如果有机会提前了解你们的人生，知道青春也不过只有这些日子，不知你们是否还会在意那些世俗希望你们在意的事情。

- 愿你在被打击时，记起你的珍贵，抵抗恶意；愿你在迷茫时，坚信你的珍贵，爱你所爱，行你所行，听从你心，无问西东。

9.《教父》

- 让朋友低估你的优点，让敌人高估你的缺点。
- 不要憎恨你的敌人，那会影响你的判断力。
- 在一秒钟内看到本质的人和花半辈子也看不清一件事本质的人，自然是不一样的命运。
- 伟大的人不是生下来就伟大的，而是在成长过程中显示其伟大的。

10.《熔炉》

- 我们一路奋战，不是为了能改变世界，而是为了不让世界改变我们。
- 现实如水母，看似美好无害，实质总是致命伤人。
- 我们来到世界上，都是孤独的旅行，即使身边有人相伴，最终也会各奔东西。
- 世界上最美丽、最珍贵的，反而是听不见且看不清的，只有用心才能感受得到。

1.2.8 一句古诗文

中华文化传承几千年，其中的古诗文可以为我们的演讲增色。在你的演讲中加入古诗文，可以让你的表达更加简洁、凝练，增强演讲的感染力和艺术性。

下面准备了一些适合用在演讲中的古诗文,让你的演讲充满力量。

如果演讲主题与"成长"有关,则可以引用以下语句。

- 盛年不重来,一日难再晨。——陶渊明《杂诗·人生无根蒂》
- 及时当勉励,岁月不待人。——陶渊明《杂诗·人生无根蒂》
- 一叶渔船两小童,收篙停棹坐船中。——杨万里《舟过安仁》
- 白日放歌须纵酒,青春作伴好还乡。——杜甫《闻官军收河南河北》
- 松下问童子,言师采药去。——贾岛《寻隐者不遇》
- 读书不觉已春深,一寸光阴一寸金。——王贞白《白鹿洞二首·其一》

如果演讲主题与"爱国"有关,则可以从以下语句中选。

- 壮心未与年俱老,死去犹能作鬼雄。——陆游《书愤五首·其二》
- 当年万里觅封侯,匹马戍梁州。——陆游《诉衷情·当年万里觅封侯》
- 风劲角弓鸣,将军猎渭城。——王维《观猎》
- 金带连环束战袍,马头冲雪度临洮。——马戴《出塞词》
- 此日六军同驻马,当时七夕笑牵牛。——李商隐《马嵬·其二》
- 黑云压城城欲摧,甲光向日金鳞开。——李贺《雁门太守行》

- 马作的卢飞快,弓如霹雳弦惊。——辛弃疾《破阵子·为陈同甫赋壮词以寄之》
- 位卑未敢忘忧国,事定犹须待阖棺。——陆游《病起书怀》
- 男儿何不带吴钩,收取关山五十州。——李贺《南园十三首·其五》

如果演讲主题与"困境与突破"有关,则可以从以下语句中选。

- 千锤万凿出深山,烈火焚烧若等闲。——于谦《石灰吟》
- 山重水复疑无路,柳暗花明又一村。——陆游《游山西村》
- 野火烧不尽,春风吹又生。——白居易《赋得古原草送别》
- 千磨万击还坚劲,任尔东西南北风。——郑燮《竹石》
- 千淘万漉虽辛苦,吹尽狂沙始到金。——刘禹锡《杂曲歌辞·浪淘沙》
- 君不见长松卧壑困风霜,时来屹立扶明堂。——陆游《读书》
- 逆境须同顺境宽,熟仁坚志这中观。——蔡格《山居十三首》
- 吾生行逆境,平地九折邛。——陆游《赠湖上父老十八韵》

如果演讲主题与"格局"有关,则可以从以下语句中选:

- 为天地立心,为生民立命,为往圣继绝学,为万世开太平。——张载《张子语录》
- 天地有万古,此身不再得;人生只百年,此日最易过。——《菜根谭·概论》
- 夫天地者,万物之逆旅也;光阴者,百代之过客也。——

李白《春夜宴从弟桃花园序》

- 智者千虑，必有一失；愚者千虑，必有一得。——《史记·淮阴侯列传》
- 命里有时终须有，命里无时莫强求。——《增广贤文·上集》
- 大学之道，在明明德，在亲民，在止于至善。——《大学·第一章》
- 桃李不言，下自成蹊；道旁苦李，为人所弃。——《幼学琼林·卷四·花木》
- 古之人，得志，泽加于民；不得志，修身见于世。穷则独善其身，达则兼善天下。——《孟子·尽心章句上·第九节》

如果你还需要更多的古诗文，可以在古诗文网里查找。

第 2 章
准备文案，游刃有余

现在，正式进入演讲文案的准备阶段，请跟着本章介绍的内容从零开始打造一篇属于你的演讲稿。

2.1 演讲文案如何出彩

2.1.1 耳目一新的标题

先思考一个问题：假如你要追求一个暗恋已久的心上人，第一步要怎么做？你会直接表白吗？相信稍微有点恋爱经验的人都不会直接表白，更合适的第一步是想方设法让对方记住你，给对方留下一个好印象。

演讲也一样，演讲者若想得到观众的认可，那么第一步不是告诉观众你的内容有多精彩，而是让观众对你的演讲感兴趣。因此，好的标题是吸引观众的第一步。

精彩的演讲标题能激发观众的兴趣，给演讲定下总基调。

什么样的标题才能让人耳目一新呢？如果你对此无从下手，可以试着从以下几方面入手。

1. 比喻法

你是否有过这种体验：在描述一件事情时，明明心里跟明镜似的，但就是不知道怎么准确地表达。针对这种情况，你可以使用比喻法，因为类比会更容易把一件事情说清楚。

这个经验在演讲中同样适用，当你的演讲主题用三言两语解释不清楚时，可以借助比喻，能起到"画龙点睛"的作用。

> 举例：在班会上，老师劝学生不要早恋。若直白地用"早恋之果，你无法承担！"作为演讲标题，很容易引起学生的逆反心理；若隐晦地表达，又怕起不到警示作用。这时不妨用一个比喻，形象地阐述中学生不要早恋的主题，比如："春天的涩果，请不要摘"。这样既生动地表明早恋的酸涩，又浅显易懂地传递出自己对早恋的看法。

需要注意的是，晦涩的比喻会成为演讲的绊脚石。因此，比喻一定要恰当、浅显易懂，让人一听便知。

2. 设问法

演讲者不仅是信息传递者，还是节奏把控者。在演讲时，如果你想快速进入正题，标题可以用设问法。

> 举例：学校组织以"时代担当"为主题的演讲，这种宏大的题目就很适合用设问法起标题。如"全员'躺平'的时代，我们为什么要选择担当？"

设问式标题的好处是，可以调动观众的好奇心，更好地抓住观众的注意力。

3. 反问法

如果你想让演讲更有力度，则可以使用反问法。

反问式标题能加强语气，更容易激发观众的情绪，加深观众对演讲主题的印象，从而增强演讲者的气势和说服力。

举例：林则徐一生清廉，面对同僚劝他为子孙多积攒钱财时，他坚定地说：子孙若如我，留钱做什么？子孙若不如我，留钱做什么？

他用两个肯定的反问句让自己的回答更有力度，这不仅能增强语言表达效果，还能引发对方思考。这种方法完全可以借鉴到演讲标题中，假设我们的演讲主题为"不要重男轻女"，则可以用反问的方式起标题："女孩真的比不过男孩吗？"

4. 呼喊法

"呼喊法"不是让你扯着嗓子喊，而是期望你通过情感引起共鸣。

呼喊式标题也可以理解为抒情标题，演讲者通过抒发自身情感，让观众产生共鸣。这就需要演讲者"以情动人"，用浓烈的感情透视出一个明确的观点来感染观众，鼓舞观众。

举例："为振兴中华而奋斗""让青春飞扬""永远热泪盈眶"等。

5. 引用法

引用式标题是指引用名人名言、名家名句作为演讲的标题。这是让演讲瞬间变得"高大上"的捷径。

耳熟能详的名家名句能快速拉近演讲者与观众的距离，也能降低观众理解演讲内容的门槛。

举例：关于个人品格主题的演讲，就可以将标题定为"满招损，谦受益"。

6. 对比法

"没有对比，就没有伤害"，对比能凸显事物的特征。

同样，许多成功的演讲通常也会用对比来说明问题。对比能让演讲更有思辨力、说服力和感召力。

对比法可以是正面对比，也可以是反面对比。

举例："一份担当一份责任""少一些冷漠，多一些正义""财聚人散，财散人聚"等。

7. 颠覆法

利用颠覆式标题时，要善于寻找那些与常识和经验相反的知识，另辟蹊径地找到一个独特的角度，言之有理地阐述一个具有颠覆性的观点。

举例：懂得了很多道理，却依然过不好这一生。

2.1.2 令人印象深刻的自我介绍

如果说演讲标题是吸引观众的秘诀，那么演讲中的自我介绍就像敲山震虎，是演讲者确立"资格感"的环节，观众会通过演讲者的自我介绍来判断是否要对这次演讲进行深度投入。

好的自我介绍能迅速让观众对演讲者产生好感，进一步产生好奇或对演讲者充满敬佩。每个人都有自己的优势，如何将这些优势准确地传递给观众，是一个技术活。

事实上，观众并不关心你叫什么名字，他们更关注你能给他们提供什么价值。所以，在做自我介绍时最主要的是突出自己的优势，将观众感兴趣的点表达出来，还可以幽默自嘲一番。总之，要给观众留下好印象。

如何做一句话的自我介绍就能给人留下深刻印象呢？可以从以下几方面入手。

1. 张冠李戴

"张冠李戴"式自我介绍可以让别人快速记住你，这需要借助一个较为出名的对象引出自己。

> 举例：大家好，我是比刘德华缺个德的"刘华"。

"张冠李戴"式自我介绍更注重突出演讲者的名字，适合自身经历和成果不是很丰富的人。

2. 一语双关

"一语双关"式自我介绍适合名字暗含另一层意思的演讲者。

> 举例：我的笔名叫"龙兄"，这个名字就是双关，我在演讲开场时会讲，"我叫龙兄，大家不要误会，我不提供任何整形美容服务，我龙的不是胸，而是胸怀。"

3. 引经据典

"引经据典"式自我介绍就是巧用古诗词来介绍自己，比如：大家好，我是"雄州雾列，俊采星驰"的周星驰。

只要引用的古诗词中最后一个字与你名字的最后一个字押

韵,听起来或读起来就能朗朗上口。

举例:郭德纲常说的"床前明月光,我是郭德纲"。

4. 班门弄斧

"班门弄斧"式自我介绍并不是让你夸大自己,而是要找到自己的亮点,并将其作为优势重点突出,从而增加可信度。

举例:大家好,我是××,一个坚持每天5点起床已有600天的晨行者。

"班门弄斧"式自我介绍更适合某方面有一定成果,讲出来后能给别人带来一些冲击的演讲者。

5. 谐音

自我介绍时用谐音更容易给观众留下想象空间,从而加深观众的记忆。

举例:胡适在一次演讲时这样介绍自己,"各位,我今天不是来向诸君做演讲的,我是来'胡说'的,因为我姓胡。"话音刚落,观众大笑。

2.1.3 精心准备的开场白

好的开场白能给整场演讲定下基调。对演讲者而言,开场白是为观众建立的第一座桥梁。做过演讲的人都知道,开场时想要用三言两语就吸引观众的注意力并不容易。

若开场白"撑不起来",观众的注意力就很容易分散,后续再精彩的内容也会变得无趣。

若你正在准备一场演讲,但不知道如何开场,不妨从以下几方面入手,打造一个能瞬间吸引观众注意力的开场白。

1. 彰显底蕴就用"引用式开场"

演讲的开场白可以直接引用诗句、金句、名言,并将它们作为演讲主旨的事前铺垫,烘托演讲主旨。例如:一次关于"人生最重要时刻"的主题演讲是这样开头的。

俄国作家托尔斯泰说过三句话。

第一句:这世界上最重要的人是谁?各位朋友,是谁?(互动)就是:现在我眼前的人!

第二句:这世界上最重要的事是什么?就是:现在我要做的事。

第三句:这世界上最重要的时间是什么?就是:此时此刻。

2. 调动气氛就用"提问式开场"

通常,演讲是一种单向表达,这样会导致观众的参与度不高。演讲时若能做到双向沟通,不仅会增强演讲者的亲和力,还会提高观众的参与度。

"提问式开场"就能解决观众参与度不高的问题,演讲者通过抛出一个问题,把观众的注意力集中在演讲者这里,然后将关注点从演讲者转移到问题上,从而让观众从被动"听"变成主动思考。

所以,如果想要暖场,调动现场气氛,不妨试试"提问式开场"。

举例：

我想请大家思考三个小问题：

1. 要不要学演讲？
2. 为什么要学演讲？
3. 怎么学演讲？

其中，第1个问题是封闭式问题，可以让观众直接回答，第2、3个问题是开放式问题，可以自问自答，也可以指定观众回答，还可以现场引导观众回答。

3. 拉近关系就用"幽默式开场"

在演讲时，最忌讳演讲者自己在台上口若悬河，而观众却一脸茫然、无动于衷。若想拉近与观众的距离，建议使用"幽默式开场"。

举例：

李敖先生曾在一次演讲中这样开场："演讲最怕有四种人，一种是根本不来听演讲的，一种是来了去上厕所的，一种是上了厕所不回来的，一种是回来了不鼓掌的。"

短短几句话让观众捧腹大笑，现场的气氛也瞬间活跃起来了，观众紧紧跟着李敖先生的思路顺利进入演讲，这就是"幽默式开场"起到的作用。

4. 吸引注意就用"道具式开场"

除了引用式开场、提问式开场和幽默式开场，开场白还有一个不错的选择——借助道具，也就是"道具式开场"。开场若能用道具，相信能瞬间吸引观众的注意力。

举例：

演讲者拿了一张崭新的100元纸币，问观众：若这100元掉在地上，谁会去捡？现场有一大部分人举手。随后演讲者又将这100元团成一团，踩了几脚后放在地上，问观众："还有人会捡它吗？"观众中依然有一大部分人举手，于是演讲者顺利引出"要像钱一样，做有价值的人"。

这就是典型的"道具式开场"，当某一道具能帮助你快速进入演讲主题时，不妨使用它，相信效果一定会出人意料。

5. 扣人心弦就用"悬念式开场"

"悬念式开场"也被称为"故事式开场"。这类开场白的特点是，开头讲一个内容精彩、情节扣人心弦的故事，或者介绍一个让人触目惊心的事实，营造出一种能让人一直往下听的氛围，最好能让观众对故事的发展和主人公的未来感到担忧，从而引导观众一直听下去。

6. 代入情景就用"渲染式开场"

"渲染式开场"的目的是调动观众的情绪，让观众在情绪的牵引下快速进入演讲主题。

举例：

"3月14日下午两点三刻，当代最伟大的思想家停止思想了。让他一个人留在房里还不到两分钟，等我们再进去的时候,便发现他在安乐椅上安静地睡着了——但已经是永远地睡着了。"[1]

短短几句话就将肃穆、庄严、悼念之情的氛围传递给了在场的每一个人,从而使接下来的演讲更加容易被观众接受。

7. 开场白"防坑"秘籍

首先,演讲者在开场时要避免过分谦虚。有些人喜欢在演讲开头就说:"这次演讲我没怎么准备""我深知比我优秀的人有很多""耽误大家几分钟时间"……这种开场虽然看起来谦虚,但会让观众感觉你很"廉价"。

其次,在演讲中,避免开场时用深奥的词汇,过多地使用专业词汇反而会有卖弄之嫌。

最后,避免区别对待。有些演讲者会在开场时不断提及台下某位重要人物,这样的开场会让其他观众感觉自己不被尊重。

2.1.4 突出结构的正文

1. 结构搭建

演讲稿的结构分开头、主体、结尾三部分,行文原则与写文章的原则大致相同。

1)并列式结构

并列式结构的演讲稿是围绕中心主题,从不同的角度、方向

---

[1] 出自恩格斯的演讲稿《马克思墓前的讲话》。

进行表达的,其结构就像呈放射状开放的一朵花,每一个花瓣都围绕一个中心主题。

举例:在介绍一座城市时,可以从"美人、美食、美景"三个并列纬度进行讲解;在汇报工作时,可以讲"项目前、项目中、项目后";在介绍产品时,可以讲"外观、功能、受众"。这样的结构相对容易搭建。

2)递进式结构

递进式结构则需要从一个表面的、浅层的问题切入,步步深入、层层推进,最终揭示出一个深刻的主题。这种结构的演讲稿具有由表及里、层层剥开的特点。

举例:美国黑人民权运动的开端是一位黑人妇女在公交车上拒绝给一位白人让座。以这件事为开端,种族平等主义者(包括马丁·路德金)在后来的演讲中将此事一步步演化,最终得出要提高黑人的社会地位,就必须消除种族歧视的结论。

需要注意的是,递进式结构的演讲对写稿人有一定的要求,即要求写稿人必须具备深入分析的能力,以及良好的逻辑推理能力。

3)对比式结构

对比结构的要点在于"建立对照",这种结构的演讲会让演讲主旨更突出,效果更明显,说理更透彻。

演讲者可以通过"正反对比""时间对比""方位对比"等布局稿件的整体结构。

4）总分总式结构

总分总式结构是演讲中最常用的结构之一。该结构的开头可以给出一个主题，再通过分论点进行阐述，最后归纳升华主题。

> 举例：要做一场"让学生学好英语"的演讲，开场可以说"学习英语非常重要"，再分别介绍三个例子，即英语帮助马云获得先机，英语帮助俞敏洪战胜同学，英语帮助李彦宏实现梦想。最后总结"英语确实可以帮助普通人逆袭。"

2. 行文维度

文章的结构确定后，就需要考虑行文维度了。行文维度可以考虑从时间、空间、层次等方面入手。

1）时间维度

当从时间维度梳理文章时，演讲稿用"过去—现在—未来"的格式行文，会让观众对事件发生的顺序更加清晰。

2）空间维度

演讲稿还可以从"遥远—附近—身边"空间维度进行发挥。比如，一些学术报告类演讲，在引用数据时，可以从国外数据到国内数据，再到自身研发数据来统筹说明。

3）层次维度

当演讲者想通过一件简单的事引出一个重大的人生哲理时，就可以采用层次维度，用"表面—深入—核心"的方式剖析问题，得出发人深省的结论。

比如，前文提到的关于美国黑人民权运动的演讲。

4）程度维度

一些工作报告类演讲可采用程度维度的形式行文，将最重要的事前置，引起参与者的注意，再依次从"重要"和"不太重要"的其他事件入手，做整体汇报。

5）解决问题的维度

当参与的项目遇到危机时，难免需要向负责人进行汇报，这时最好能通过"问题—原因—方案"的行文方式，提供解决方案。毫无疑问，这样的结构既能节省时间成本，又能快速说明问题。

6）社会属性维度

一些需要情怀的演讲稿可从社会属性的维度形文，比如，你可以从"个人—社会—国家"的角度进行阐述。

7）项目进度维度

有关项目进度维度的演讲稿常用在向上级汇报项目的演讲中。对于这类演讲稿，建议通过"策划—实施—收尾"的方式整理内容。

8）销售过程维度

在公司产品复盘的演讲中，可从"售前—售中—售后"维度出发，展示整个销售过程。

3. 素材案例

出众的演讲稿离不开出彩的案例，那么什么样的案例能为我们所用呢？建议从以下三个方面考虑。

1）正、反案例

在应用素材时，从单一角度阐述不全面的观点，可通过正、反案例的方式突出主题。

> 举例：以"领导廉洁"为主题的演讲，如果直白地讲"廉洁"，就会显得干瘪无味。这时可以先从正面举例，展示廉洁者受到的尊重；再从反面举例，展示腐败者被唾弃的结局。两者对比，突出"廉洁"的重大意义。

2）个人经历

当你无法找到合适的外在素材时，不妨"向内看"，找找自己的人生经历。

如果你能用自己的经历"现身说法"，一定会更加真实、亲切。

将自己的个人经历作为演讲素材，一来，有助于拉近与观众的距离，取得更好的演讲效果；二来，你作为过来人，本身就具有重要的示范和参考意义，会让观众更加信服。每次我在"演说生产力"课程现场分享我的个人经历时，学员们都受到了很大的鼓舞。

3）结合数据

在素材中有数据，会让整个演讲显得更加具有权威性，在此建议能用数据的地方尽量用数据展示。

> 举例：以"劝人戒烟"为主题的演讲，如果只是单纯地讲吸烟对人的危害有多大，对老烟民而言，其'杀伤力'其实不会更大，还不如直接给出数据。例如，"我国每年因吸烟死亡的人数已超100万人"，这个庞大的

数据一定会刺痛一些老烟民的内心。

4. 风格调整

不同的场所需要的演讲风格不同。比如，学术讨论演讲，如果用情绪感染的方式去演讲就不合适。所以，演讲稿完成后，整体风格也需要适当修改。根据演讲场合的不同，可以对其进行以下几个方向的修改。

1）幽默型

对于非正式场合，可以优先考虑采用幽默型风格的演讲。你可以在开场用幽默的故事吸引观众注意。

关于个人故事的笑话其实是最安全的，因为它们是原创的，没人听过，练习打磨后能展现出个性化的风格。所以，建议从个人身上挖掘幽默故事。

2）学术型

学术型演讲通常是系统的、关于专业领域的演讲。比如，学校的专题讲座、学术报告、学术评论等。

对于这类演讲，建议演讲者在表达上用朴实、准确的语言进行描述，不要过度采用技巧性的内容。

3）阅历型

对于这类演讲，演讲者通常有一定的阅历，建议多引用个人经历表达自己的观点和态度。这样不仅能凸显演讲者的阅历，还能起到权威示范的作用。

4）激情型

此类演讲需要演讲者有较强的情绪感知能力，建议演讲者用真诚和热情让观众产生热烈的反响，做到台上演讲者与台下观众产生强烈的共鸣。

5）交心型

交心型演讲需要演讲者把观众当朋友，以"与朋友对话"的方式展开内容。切记：演讲者不要高高在上，单向输出。例如，有几次的线下课，我曾坐在 T 台旁边的台阶上给学员讲故事，彼此感觉都极好。

2.1.5 漂亮的结尾

演讲稿的结尾与开头同样重要，演讲能否引人深思，观众能否记住演讲的核心观点，一个漂亮的结尾也会起很大的作用。

1. 引用式结尾

引用式结尾需要演讲者引用金句升华主题，让观众思考。

举例：在以"阅读"为主题的演讲中，可以这样结尾——书籍是最好的引领者、倾听者，就像历史学家蔡尚思说的"苦读是做学问最好的方法"，那么让我们从今天开始拿起书阅读吧。

2. 点题式结尾

这类结尾需要演讲者重复主题。通过首尾呼应加深观众对演讲内容的印象，促使观众产生强烈的共鸣。

3. 祈使式结尾

这种结尾能激发人们的情感，具有祈使、启发、鼓动、号召的作用。

> 举例：在以"发扬母语"为主题的演讲稿中，可以这样结尾——回归母语，我们将提升灵魂，传承素养，紧随时代。拨开浮躁的乌云，母语将展现一片明朗的天空。

4. 号召式结尾

号召式结尾是演讲者用深刻的认识和独到的见解向观众提出希望，发起号召。这种结尾能让观众为之一振，具有催人行动的效果。

> 举例：我们正处在一个伟大变革的时代，经济的发展，国家的富强，民族的振兴，需要全体人民艰苦奋斗，特别是领导人的模范带头作用。

5. 余味式结尾

这种结尾能让观众对演讲内容久久回味，有一种"结尾语尽而意不尽"的感觉。

> 举例：号召向雷锋学习的演讲稿可以这样结尾——雷锋短暂平凡的一生，创造出了巨大的人生价值，留下了无与伦比的精神财富。那么，亲爱的朋友，漫长而又短暂的人生之路上，我们又能做些什么，给后人留下什么呢？

6. 祝贺式结尾

在演讲的结尾发出真诚的祝贺，会让观众感觉自己充满了力量，从而与演讲者产生共鸣。

举例：公司年会的演讲稿可以这样结尾——借此机会祝愿各位同事身体健康、家庭幸福、事业成功。

7. 总结式结尾

总结式结尾需要用极其精练的语言，对演讲内容和思想观点做一个概括性的总结，起到突出中心、强化主题、画龙点睛的作用。

8. 结束语"防坑"秘籍

演讲的结尾首先要避免拖沓冗长，要简洁明快、铿锵有力，重复的话不要多说。

其次要避免节外生枝。演讲的结尾通常有聚焦或收拢全文的作用，所以切忌当止不止，破坏演讲结构。

最后要避免出现咄咄逼人的情况。有些演讲者为在结尾有一个高潮，很容易出现言辞激烈的情况，从而让观众感觉不适。请记住：演讲要真实、诚恳、友好和自信。

2.2 演讲稿"高大上"的秘诀

如果你认真阅读了前面的内容，并按照介绍的方法准备演讲稿，那么演讲稿基本就算完成了。就算你现在登台，肯定也能"交差"了。不过，既然要上台，谁又不想多多出彩呢？本节将介绍一些秘诀,让你的演讲稿脱颖而出。

下面总结了 10 条让你的演讲稿变得"高大上"的秘诀,你可以根据演讲需求,自行做相关调整。

2.2.1 有气势的排比

排比句是增强演讲气势的一大法宝。

排比在句式上由三个或三个以上意义相关或相近、结构相同或相似的句子并排在一起。

在语气上,排比句中语气相同的词组或句子并排在一起,可以使稿件的结构更加紧凑,如:

若我是浪花,敲打命运的礁石;

若我是苍鹰,冲击命运的高空;

若我是游鱼,遨游命运的长河。

用排比叙事或写景,可以达到层次清楚、形象生动的效果。如:

当小草冒出嫩芽时,那是春的呼唤,细密的雨永远是青春的寓言;

当太阳直射大地时,那是夏的照耀,池塘的莲永远是热情的写照;

当树叶静静飘落时,那是秋的气息,凉爽的风永远是美丽的象征;

当梅花朵朵绽放时,那是冬的来临,洁白的雪永远是纯洁的童话。

用排比说理，可以使条理分明。如：

　　欺负你的人因你的软弱而来；

　　欣赏你的人因你的自信而来；

　　不在乎你的人因你的自卑而来；

　　爱你的人因你的自爱而来。

用排比写人，可以将人物刻画得形象、细致。例如：

　　父亲的背影，让我感受了坚韧；

　　父亲的双手，让我摸到了艰辛；

　　父亲的叮嘱，让我接过了自信；

　　父亲的目光，让我看到了爱心。

有排比的说起来朗朗上口，有极强的说服力和节奏感，能增强演讲的表达效果和气势，升华主题。比如，美国前总统奥巴马在他的就职演说中就有这样一段话：

　　为了我们，他们打点起贫寒的行装上路，远涉重洋，追求新生活。

　　为了我们，他们在血汗工厂劳作，在西部原野拓荒，忍着鞭笞之痛在坚硬的土地上耕耘。

　　为了我们，他们奔赴沙场，英勇牺牲，长眠于康科德、葛底斯堡、诺曼底和溪山等。

　　为了我们能够过上更好的生活，他们前赴后继，历尽艰辛，全力奉献，不辞劳苦，直至双手结起层层老茧。

他们看到的美国超越了我们个人雄心壮志的总和，也超越了所有种族、财富或派系的差异。

感受到排比句的魅力了吗？如果你的演讲需要产生气势磅礴的效果，那么不妨将演讲稿中主旨相近的内容设计成排比句。

2.2.2 有重点的对比

如果说排比句能让演讲气势恢宏，对比句则能让演讲重点突出。

对比句是将两个相反、相对的事物或同一事物相反、相对的两个方面放在一起，用比较的方法加以描述或说明。通过把两种不同的事物放在一起比较，让好的更好，坏的更坏，来加强表达效果。这种方式还能把好与坏、善与恶、美与丑等对立的状态最大限度地表现出来，给人以深刻的印象和启示。

若你的演讲想起到唤醒、号召、激励的作用，利用对比方式是一个不错的选择。它能制造出现场短时的安静，给观众思考的间隙，这种暂停能够增强演讲的气场。例如：

能说服一个人的，从来不是道理，而是南墙；

能点醒一个人的，从来不是说教，而是磨难。

——莫言

有的人死了，他还活着；

有的人活着，他已经死了。

——臧克家

凤凰卫视《冷暖人生》主编季业的一段精彩演讲，就是将排比与对比结合在一起，激励了很多年轻人。例如：

> 如果天空是黑暗的，那就摸黑生存；
>
> 如果发出声音是危险的，那就保持沉默；
>
> 如果自觉无力发光的，那就蜷伏于墙角。
>
> 但不要习惯了黑暗就为黑暗辩护；
>
> 不要为自己的苟且而得意；
>
> 不要嘲讽那些比自己更勇敢热情的人们。
>
> 我们可以卑微如尘土，不可扭曲如蛆虫。
>
> ——季业

这样一对比，是不是重点更突出了？如果你不知道如何突出演讲主题，不妨从它的对立面出发，用对比的方式来表达。

2.2.3 有节奏的韵律

韵律在语言文字中代表着"平仄格式"和"押韵规则"。在人类脑神经的研究中发现，大脑喜欢处理流畅性的信息，而韵律就是处理具有流畅性信息的好方法。

研究还发现，韵律会使人产生愉悦感，获得积极的情绪。RAP说唱的歌词都喜欢找韵脚，虽然内容不一定有多华丽，但是单押、双押会让歌手与观众无比兴奋。

在演讲中，如果内容的韵脚整齐，节奏鲜明，也能成为千古名篇。我们来看一看梁启超的《少年中国说》节选，后面的ang

字韵脚读起来很押韵，成为一代代中国少年传诵的佳作。

　　红日初升，其道大光；河出伏流，一泻汪洋。潜龙腾渊，鳞爪飞扬；乳虎啸谷，百兽震惶。鹰隼试翼，风尘翕张；奇花初胎，矞矞皇皇。干将发硎，有作其芒；天戴其苍，地履其黄，纵有千古，横有八荒；前途似海，来日方长。

每次在我的"演说生产力"课程现场，我都会安排教练专门教青少年学员们朗诵《少年中国说》，孩子们站上舞台进行现场展示，台下家长全都举起手机拍照录像，场面就像开记者招待会，效果非常震撼。

2.2.4　有画面的描述

描述手法在演讲中也起着重要的作用。在开场时，演讲者细致的描述画面能让观众集中精力；结束前恰如其分的描述能帮助观众酝酿情绪；在演讲小高潮结束后，一个有画面的描述能让观众平复情绪，为演讲者给出下一个观点做出铺垫。

例如，杨振宁在1984年访问复旦大学时的演讲开场这样写：

　　二十年代的中国，正处于军阀混战时期。那时，孙传芳的军队曾多次打到合肥。每次军队打到城里，人们都逃到农村、教会或医院去躲避，我一生中记忆最深的，就是在一次出逃回城后，刚到"四古巷"家里，就看到房子的犄角里有一个子弹孔。

杨振宁在介绍自己身世时的这段内容，立刻将观众带到那个战火纷飞的年代，让台下的观众安静地去听这位老人的坎坷一生。

演讲中的描述部分语气要尽量平缓，将画面感呈现出来，让观众产生想象，将观众带入所营造的画面中，感同身受。这样才能更好地将接下来的观点和信息传达到他们的大脑中。

2.2.5 有格调的对偶

一提到对偶，你想到了什么？是不是这样的：

> 风声雨声读书声，声声入耳；
> 家事国事天下事，事事关心。

或者是

> 抽刀断水水更流，举杯消愁愁更愁。
> ——李白《宣州谢朓楼饯别校书叔云》

还有

> 先天下之忧而忧，后天下之乐而乐。
> ——范仲淹《岳阳楼记》

虽然有的叫对联，有的叫对仗，但它们都属于对偶的范畴。对偶的特点是：用两个结构相同、字数相等、意义对称的词组或句子来表达相反、相似或相关意思。例如：

> 横眉冷对千夫指，俯首甘为孺子牛。

类似的对偶在演讲中可以体现为：整齐匀称，节奏鲜明；便于吟诵，易于记忆；音调铿锵，富有音乐美。

这也是中国单音节字和单字义特有的文化魅力。在演讲中运用对偶，对我们而言不仅仅是为了工整，更是一种文化传承。

对偶分为正对偶、反对偶和串对偶。每种形式都有其不同的作用。

正对偶让情绪升温，让画面更有层次感。例如：

> 落霞与孤鹜齐飞，秋水共长天一色。
>
> ——王勃《滕王阁序》

反对偶让对比更强烈，思考更深入。例如：

> 不要人夸好颜色，只留清气满乾坤。
>
> ——王冕《墨梅》

> 梅须逊雪三分白，雪却输梅一段香。
>
> ——卢梅坡《雪梅》

串对偶即相串成对，有如流水顺承而下。它的起句与对句是从事物的发展过程说起的，意思是连贯的，具有承接、递进、因果、假设、条件等关系。例如：

> 欲穷千里目，更上一层楼。
>
> ——王之涣《登鹳雀楼》

> 才饮长沙水，又食武昌鱼。
>
> ——毛泽东《水调歌头·游泳》

对于以上介绍的对偶句式，在你的演讲稿中到底使用哪种，需要根据演讲的主题和周围的环境等情况确定。

2.2.6 有条理的数据

在演讲中运用权威机构提供的数据和专业机构的分析结果，可以增加演讲的可信度。

对数据的呈现有以下几种方法。

1. 模糊的词语数据化

在演讲中，如果出现比较多的形容词，如"很多""大量""丰富"等听起来空洞、缺少感知的词语，会让观众感到很抽象，这时就应该利用数据形式帮助观众更好地理解。

比如："某社交软件的安装数量非常大"不如改成"某社交软件的用户数量突破5亿人，每三个中国人就有一个人在使用"。

两者对比就很好理解了，虽然表达的是同样的意思，但后者能让观众感到该软件的普及率极高，也可能会调动没有安装该软件的人的好奇心。

2. 静态的数据动态化

动态数据可以应用在很多场合，数据动态化的效果会更明显。在做工作总结、数据报表时，简单地罗列只是呈现，而有变化才能看到趋势。

世界上最重要的事，不在于我们在何处，而在于我们朝哪个方向走。所以在演讲中要将这种变化体现出来。比如：

> 今年开拓了32个潜力市场，打通了5个生产链，开发了12个新产品。

不如改成：

> 市场开拓量同比增长 23%，市场占有率从 28% 提高至 37%，用户增长 12 个百分点。

通过呈现数据的变化，就能体现出相关人员一年来的工作成果，而不是让观众自己去计算。

3. 抽象的数据可视化

我们把"相当于""就像"词汇用在演讲中，可以让观众获得画面感，同样，在演讲中将数据进行可视化呈现，也能起到很好的效果。比如，我们想表达新媒体无纸化的优势，看下面的例子。

> 每年全国新闻用纸总量达 90.4 万吨。

不如改成：

> 每年全国新闻用纸总量达 90.4 万吨，如果是 A4 纸摆起来，厚度相当于地球到月球的距离。

将这种厚度的表述进行可视化地呈现，薄薄的一层纸与地球和月亮之间的距离形成反差，让观众感知到数量庞大。

有时候，数据可以借助图表的形式展现出来，让数据有形象的感知，比如饼图、K 线图、柱状图等，能让观众一眼看到变化，从而加深记忆。

2.2.7 有力量的反复

英国前首相丘吉尔人生中最后一次演讲本打算用 30 分钟完成，但是在演讲开始后他走进会场，看向观众，只说了一句话就结束了，他说："never give up！ never never never give up！"中文意思就是：永不放弃！永远，永远，永远都不要放弃！

说完后，丘吉尔头也不回地离开了，他离开许久后，现场才响起了热烈的掌声，而这迟到的掌声是对这句气吞山河的话的赞美，更是对这位伟人的钦佩。

在演讲中，这种有力量的语句能直击观众的心灵，升华演讲主题。

重复关键词也是增强力量的一种方法。比如，可以将一个词说三遍以上，用来增强语气和气场，表达强烈的情感。

在以动员、激励为主的演讲中，非常适合用这种方式。例如：

起来！起来！起来！

我们万众一心，冒着敌人的炮火前进，

冒着敌人的炮火，前进！前进！前进！进！

这首《义勇军进行曲》让人们听后充满了无畏的勇气，迸发出无穷的力量。

在演讲中，建议将核心观点和最想让观众感知的内容提炼为一句简短易懂、朗朗上口的金句，并不断重复。即使观众忘记了绝大部分内容，但只要能够记住这句话，你的演讲就是成功的。例如，我的一篇演讲稿的核心观点是"坚持不要脸，世界才会给你脸"，我在演讲的开头、中间各讲一遍，结尾讲两遍，一共四遍，让观众牢牢记住了这句话。

你也可以根据这种方法，提炼你的演讲稿中的核心观点，利用重复技巧，让力量感倍增。

2.2.8 言简意赅的古文

博大精深的语言是中国文化的优势，在演讲稿中合理地利用成语和古诗文能使语言精练，语义深远，内涵丰富，听起来易懂易记。除此以外，使用它们还能使行文整齐，使语言富有节奏感。

在演讲中使用成语和古诗文可以为演讲增加气场和格调。下面介绍一些可以用在演讲中的成语和古诗文。

开头篇

岁月不居，时节如流。

新故相推，日生不滞。

草木蔓发，春山可望。

艳阳天气，烟细风暖。

品格篇

栉风沐雨，朝乾夕惕。

艰难困苦，玉汝于成。

霁月光风，不萦于怀。

自知者英，自胜者雄。

心境篇

功崇惟志,业广惟勤。

志之所趋,无远弗届。

穷山距海,不能限也。

志之所向,无坚不入。

结尾篇

但行好事,莫问前程。

道阻且长,行则将至。

凡是过往,皆为序章。

来如风雨,去似微尘。

鸿鹄高飞,一举千里。

愿岁并谢,与长友兮。

2.2.9 有趣的歇后语

在演讲过程中,尤其在开场"破冰"、自我介绍、观众互动等环节,我们可以通过一些有趣的段子、笑话、歇后语等语言形式来调节气氛。歇后语就像谜语一样,前一部分类似谜面,停顿后揭秘后半段的谜底。在演讲中,这些歇后语只要用得恰当,就很容易为观众带来快乐。

这种短小、精练、生活气息浓厚的文字游戏能让一些风格不是很严肃的演讲更接地气。下面介绍一些可以用在开场,或者表述观点时用到的歇后语。

按老方子吃药——还是老一套

拔萝卜窟窿在——有根有据

百里长的公路不用拐弯——太直了

百灵鸟碰到鹦鹉——会唱的遇上会说的

半夜打雷心不惊——问心无愧

抱在怀里的西瓜——十拿九稳

补破锅的揽瓷器活——假充内行

提着马灯下矿井——步步深入

推小车上台阶——一步一个坎

大姑娘坐轿——头一回

窗户边吹喇叭——名声在外

冰糖煮黄莲——同甘共苦

飞扔鸡毛——有劲难使

关公赴会——单刀直入

赵云大战长坂坡——大显神威

孔明弹琴退仲达——临危不乱

孙悟空赴蟠桃会——不请自来

猪八戒进屠场——自己贡献自己

西天路上的孙行者——劳苦功高

唐三藏取经——好事多磨

一口气吹灭火焰山——口气不小

过端午的龙头——光耍嘴

端午节才贴对联——跟不上形势

作家的书包——里面大有文章

过年娶媳妇——双喜临门

乘缆车上泰山——一步登天

第一季度扇扇子——满面春风

2.2.10 有共鸣的歌词

在演讲中最尴尬的莫过于台上的人讲得津津有味，台下的人却无动于衷；讲的人自我感动，听的人却感到尴尬。

台上和台下的人不在一个"频道"上时，就是最失败的演讲。说话的最高境界就是把别人带到你的世界里，让你们在同一个"频道"上产生共鸣。

如何了解现场气氛、把控观众情绪？这里介绍一个容易掌握的方法，就是利用歌词产生共鸣。

歌曲由歌词与曲调组成，歌词本身就自带一定的韵律，朗朗上口，与好听的曲调结合后，传唱度会非常广。很多经典歌词通常都是由文学功底深厚的词作家完成的，这些歌词能让观众产生共鸣。因此，你可以寻找流传较广的歌曲，把其中的部分歌词加入演讲中，往往会起到奇妙的效果。下面总结了一些可以引用歌词的经典歌曲供参考。

励志、奋进类歌曲

《追梦赤子心》

《孤勇者》

《奔跑》

《阳光总在风雨后》

《隐形的翅膀》

《最闪亮的星》

《荣耀骑士》

《铿锵玫瑰》

怀旧、乡愁类歌曲

《童年》

《爱的代价》

《光阴的故事》

《十年》

《故乡的云》

《渴望》

文艺、心灵类歌曲

《消愁》

《像我这样的人》

《借我》

《美好事物》

《生如夏花》

《只要平凡》

《蓝莲花》

《是妈妈是女儿》

家国情怀类歌曲

《少年壮志不言愁》

《我和我的祖国》

《英雄赞歌》

《万疆》

2.3
激发情感的五个高光时刻

前面介绍的都是为演讲稿添加"块状"内容,接下来我们要做的就是设计一些"点状时刻",让观众根据我们的设计产生情感起伏,从而达到预期的效果。

你可以在演讲中设计"哇"时刻,就像新用户在体验产品一样,初期发现产品价值的惊喜时刻,这个价值本身是超出消费者预期的,但是预判到消费者可能出现的痛点,于是悄悄设计出这个时刻。一旦这个痛点正好被解决,会让消费者惊呼产品贴心,从而产生抓住用户的那个瞬间。

例如，你正准备用铅笔写字，此时不小心将铅笔掉到了地上，在铅笔下落的过程中，由于笔身尾部设计得偏重一些，因此尾部先落地，笔尖有了缓冲，落地后完好无损。当你重新拾起时，你会被这种设计细节打动，于是感叹一声"哇！出乎我的意料，我喜欢"。

在演讲中，我们也可以设计出类似的时刻，将观众的情绪把握得恰到好处。这里总结了五个常见的高光时刻，如图2-1所示，你可以根据具体的演讲内容进行设计。

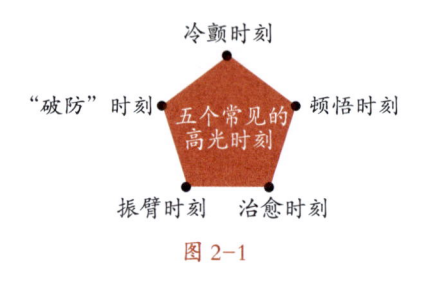

图 2-1

2.3.1 冷颤时刻

冷颤时刻就是观众在听到某一段内容时，突然觉得"这说的不就是我吗？"有一种心头被击中的感觉，甚至可能起鸡皮疙瘩、打冷颤等。我将这个时刻命名为"冷颤时刻"。下面用几段内容让你感受一下。

（1）

小时候刮奖刮出"谢"字还不扔，一定要把"谢谢惠顾"都刮得干干净净才舍得放手，到后来太多的事的解决方法与之相同。

（2）

世上有两样东西不可直视，一是太阳，二是人心。

（3）

因为拥有过的很少，所以根本学不会"断舍离"，生活里一切鸡毛蒜皮的温馨，我都想藏起来。

（4）

你这么会安慰别人，一定度过了很多安慰自己的日子吧。

（5）

我上了那么多年学，熬了那么多夜，做了那么多习题，顶着各种各样的压力，参加各种残酷的考试，谈恋爱，分手，工作，加班。我这么辛苦，竟然是为了成为一个普通人。

（6）

没有人会管你经历了什么，或者走过多么混乱的路，外人看的只是结果，感同身受是假的，有些事自己心里明白就好。

（7）

不要总想着自己能得到什么，要先想自己能给出什么。想得到什么，就先给出什么。

2.3.2 顿悟时刻

顿悟时刻是指当你在演讲过程中说出某句话时，观众突然懂得了某个道理。顿悟需要经历从思考到肯定的过程，因此，这就要求演讲者讲出这句话的时候要笃定、真诚、中肯，就像一位有阅历的老者。

下面列出几段可以用在演讲中让人产生顿悟的内容。

（1）

别再抱怨十四亿人中碰不到对的人，

在考试中，你四个选择题都选不对。

（2）

命运赠送的所有礼物，都早已在暗中标好了价格。

（3）

人这一辈子，你真正在意的，同时又在意你的人，就那么几个，这几个人就是你全部的世界。

（4）

时光的绝情之处是，它让你熬到真相，却不给你任何补偿。

（5）

没有边界的心软，只会让对方得寸进尺；

毫无原则的仁慈，只会让对方为所欲为。

（6）

乞丐不会嫉妒百万富翁，但他肯定会嫉妒其他收入更高的乞丐。

（7）

世界上可以不劳而获的只有贫穷和年龄。

（8）

一切厉害的背后都是默默的坚持，坚持是一个人最高贵的品质。

2.3.3 治愈时刻

治愈时刻是指演讲中的内容能安抚观众的内心，使他们的负面情绪得以消除。这个时刻需要你的演讲语气温和，就像一位知心姐姐一样，让观众的心情放松，放下防备心理，不再焦虑，从而拉近你与观众之间的距离。

下面整理了几段话让大家感受一下。

（1）

在三十岁时再买十八岁喜欢的裙子已经没有什么意义了，很多事没有来日方长，我要你现在快乐。

（2）

我其实跟大部分人的感觉是一样的,有恐惧,有抱怨,有深深的迷茫。

所以,最后我要退回到的就是,如何去对抗我的不确定,如何去对抗我的恐惧,那就只有在日常生活中,每天做好该做的事情,用做而不是用想来对抗这种恐惧和焦虑。

（3）

无论你活成什么样子,都有人说三道四。

在这个世界上,我们都只来一次,吃想吃的饭,见想见的人,看喜欢的风景,做喜欢的事。

少研究别人,多提升自己。

（4）

最艰难的时候,别老想着太远的将来,只要鼓励自己过好今天就好。

这世间有太多的猝不及防,有些东西根本不配影响你的情绪,人生就是一场体验,请你尽兴。

（5）

你只管努力,上天自有安排。

很多时候,运气好不过是成功者的自谦,而不努力的人却当真了。你见过哪一个运气好的人从不努力的?

每一个人的运气都藏在他的努力里。

（6）

你吃了很多苦，受了很多委屈，走了很多弯路，告别了很多人，才走到了今天。所以你不可能不比从前更聪明、更练达、更懂自己、更善于生活。

（7）

真正的强大不是忘记，而是接受。

接受分道扬镳，接受世事无常，接受孤独挫败，接受突如其来的无力感，接受自己的不完美，接受困惑、不安、焦虑和遗憾，调整自己的状态，找到继续前行的力量，成为更好的自己。

（8）

一切糟糕的经历都是幽默和励志的源泉，都是极好的演讲素材。

2.3.4 振臂时刻

振臂时刻原指一个人在被激励的状态下，身体会不由自主地做出动作，用以将能量爆发出来。在演讲中，振臂时刻是指演讲者通过语言、语调、语气实现激励他人的状态。这需要你在演讲过程中声音洪亮，充满力量，不一定要咆哮，但一定要充满激情，这样才能激励观众。

下面列出几段振奋人心的语句。

（1）

人呐，没有谁配不上谁。

两元一包的盐，可以配上万元一桌的菜；但上万元的菜没有盐，也淡然无味。

（2）

怎样算欺凌？十人欺负一人算欺凌。一百个人欺负一人也是。那么一万个人呢？

是正义啊！

（3）

社会资源永远是有限的，好东西要靠抢。只有弱者才会坐等分配。

（4）

风可以吹走一片树叶，却不能吹走一只蝴蝶，因为生命的力量在于不顺从。

（5）

有一个未来的目标，总能让我们欢欣鼓舞，就像飞向火光的飞蛾，甘愿做烈焰的俘虏。

摆动着的是你不停的脚步，飞旋着的是你美丽的流苏。

在一往情深的日子里，谁能说得清，什么是甜，什么是苦？

只知道确定了就义无反顾，要输就输给追求；要嫁就嫁给幸福。

（6）

让我们泰然自若，与自己的时代狭路相逢。

2.3.5 "破防"时刻

"破防"时刻是指一个人因遇到一些事或看到一些信息后，在情感上受到很大冲击，内心深处被触动，心理防线被突破，导致眼泪"决堤"的瞬间。

如果说演讲中的振臂时刻让人充满了斗志，那么"破防"时刻能让观众的内心变得柔软。下面列几段内容让大家体会一下。

（1）

我晚上坐出租车回家时，和师傅闲聊，随口问了句师傅"什么是生活"。师傅缓缓地说了句："我以前不喜欢开车的。"

（2）

爷爷还活着的时候，这个世界的风雨都绕过我，向他一个人倾斜。

（3）

有一段时间觉得父亲很古板、很烦，直到后来看到一段话，才理解他了：

中年以后的男人，时常会觉得孤独，因为他一睁开眼睛，周围都是要依靠他的人，却没有他可以依靠的人。

（4）

不要怪她什么都不懂，她只是把见识世界的时间与金钱花在了你身上。

（5）

我也希望，在我的世界扭曲崩塌的时候，有人可以捂住我的眼睛，趴在我耳边悄悄地说："这次，我守护你。"

（6）

小时候，把一片口香糖掰成两块儿，舍不得吃。那时候就想：等我长大有钱了，就一口气嚼一包，一定甜。

今天突然想到了儿时这个梦想，买了一包；当我把口香糖一片片地塞进嘴里的时候，眼泪夺眶而出。

我哽咽着，心里却满是酸涩，我想，这时光一点也不甜。

（7）

小时候，我有瞬间移动的超能力，在沙发上睡着了，会在床上醒来。可是长大后，我就再也没有出现过了。

（8）

高考是一道分水岭。

什么分水岭？从它结束的那一刻起，人光凭努力就能做好的事情，就越来越少了。

（9）

很多人让你追求大事业，实际上，大事业也意味着大风险和大麻烦；我建议你尝试"小而美"，脚踏实地、一步一个脚印地走好，会走得稳健而踏实。

第 3 章

让 ChatGPT 做你的"私人助理"

前面介绍了在演讲的准备阶段要做的工作，实际上，在ChatGPT出现后，其中的很多准备工作都可以利用它更高效地完成。

在使用得当的情况下，ChatGPT不仅可以为我们提供素材，还可以协助我们构思框架、润色稿件，成为我们的"演讲助理"。

随着AI工具的普及，越来越多的AI工具被大众接受和使用，具体如下。

- 文本生成工具：ChatGPT、New Bing、Notion、Jasper AI、文心一言等。
- 思维导图工具：BoardMix AI等。
- PPT生成工具：Microsoft 365 Copilot、Gamma、Presentations.AI等。
- 图形和视频生成工具：Designs.AI、Midjourney等。

AI工具的使用方法也越来越简单，本章将重点介绍ChatGPT工具的功能和应用技巧，其他同类工具可参考使用。

3.1 了解ChatGPT的功能

在使用ChatGPT之前，你需要先了解它的功能，以便更巧妙地向它提问，从而获得高质量的答案。

或许你会有这样的疑问：与百度、谷歌等搜索引擎相比，ChatGPT的优势在哪里？我们不妨来看看ChatGPT自己给出的答案。

ChatGPT[1] 回复：

作为一个基于人工智能技术的大型语言模型，我和传统搜索引擎相比的优势如下。

（1）语义理解能力更强：相较于传统搜索引擎只能通过关键词匹配来查找相关信息，我可以通过深度学习和自然语言处理技术进行语义理解，更好地理解用户的意图，提供更加精准、全面的答案。

（2）对话交互体验更佳：我可以根据用户的提问和反馈进行对话交互，让用户更加轻松自然地获取所需信息，并且可以在对话中提供更加详细、个性化的答案和建议。

（3）可以进行知识推理和拓展：由于我拥有强大的学习能力和知识图谱，我可以进行知识推理和拓展，帮助用户寻找到更加深入、多角度的信息和见解。

（4）具备个性化服务能力：我可以根据用户的历史搜索记录、兴趣爱好等因素，为用户量身定制个性化的搜索结果和建议，提高搜索效率和满意度。

（5）更加安全、可靠：我所采用的人工智能技术和算法都经过了严格的测试和验证，可以保证搜索结果的准确性和可靠性，同时也可以保护用户的搜索隐私和安全。

总之，我和传统搜索引擎相比，在语义理解、对话交互、知识推理、个性化服务和安全可靠等方面都具备更大的优势，能够为用户提供更加智能、便捷和全面的搜索体验。

---

1 说明：本书尽量保留了 ChatGPT 的回复原文，以展现其独特风格与思维方式。故可能存在部分表述或格式不符合出版规范之处，敬请读者在阅读时予以谅解，并结合自身理解审慎判读。

实际上，ChatGPT 除了作为"豪华"素材库为我们提供最常见的搜索功能，还具有写作辅导、翻译、快速查询、时间规划、模拟对话等丰富的功能。当我们策划一场精彩的演讲时，它也能为我们提供一些有效的帮助。

下面是我和 ChatGPT 的对话。

提示词：

> 假如我一是位演讲者，需要在规定的时间内完成特定主题的演讲。现在需要准备我的演讲，ChatGPT 能在哪些方面为我提供帮助？

ChatGPT 回复：

> 作为一位演讲者，您可以利用 ChatGPT 在以下方面获取帮助。
>
> 1. 主题开发
>
> ChatGPT 可以帮助您挑选一个与观众背景和场景相符的主题，提供关于主题的相关信息、数据和见解。
>
> 2. 演讲结构
>
> ChatGPT 可以协助您构建一个有层次、逻辑清晰的演讲结构，提供引言、正文和结论的设计建议，确保信息传递有条理。
>
> 3. 时长控制
>
> ChatGPT 可以帮助您调整演讲稿，确保在规定的时间内完成，提供精简内容的建议，以适应时限。
>
> 4. 语言表达
>
> 优化演讲稿的语言，使其更具说服力，并且生动、有趣，提供

适当的词汇和表达方式，以引起观众兴趣。

5. 演讲技巧

提供关于声音控制、肢体语言、眼神交流等演讲技巧的建议，分享一些增强演讲表现力的技能和策略。

6. 图表和图像

提供建议，说明如何有效地使用图表和图像来支持演讲，确保图示清晰，能够帮助观众更好地理解演讲内容。

7. 观众参与

提供互动元素的建议，如提问、小组讨论或调查，帮助您设计与观众互动的环节，增强参与感。

8. 实际模拟

提供关于如何模拟演讲现场的建议，包括舞台布置、灯光效果等，提供模拟听众互动的方法，以适应真实的演讲环境。

9. 反馈和调整

提供演讲初稿的反馈，帮助您进行调整和改进，分享一些建议，以便更好地接受和应用反馈。

10. 紧张感管理

提供缓解演讲紧张感的技巧和策略，分享如何保持冷静和自信的方法。

通过与ChatGPT互动，你可以获取定制化的帮助，使你的演讲更具有吸引力和影响力。

3.2 如何利用 ChatGPT 为演讲做准备

利用 ChatGPT 为演讲做准备时，你需要提供演讲的主题和目标观众，这样 ChatGPT 才可以更好地了解你需要关注哪些问题，才能针对目标观众的特点提供有价值的建议。与它分享演讲草稿或计划，可以让它检查演讲稿的语言表达是否准确、清晰，并提供改进意见。一起探讨如何让演讲主题更切合实际，提高演讲的实用性和可操作性，使观众能够从中获得具体的、可执行的方案。

相信你已经迫不及待地想要看看 ChatGPT 到底有多神通广大了吧？下面以案例形式介绍如何让 ChatGPT 最大化地帮助我们。

3.3 用 ChatGPT 搜集素材

以前，当我们在搜集资料时，需要在各类网站、论文、图书里查找和翻阅，但自从有了 GhatGPT，只要是在互联网上出现过的内容，我们都可以通过 GhatGPT 将这些内容为我们所用。本节将介绍如何利用 ChatGPT 为我们准备演讲素材。

首先，在使用 ChatGPT 搜集素材时，我们需要明确在演讲中探讨的主题和希望实现的目标，这有助于为 ChatGPT 提供准确的方向，并使其生成相关的素材。

接着，提出问题或主题导向。建议根据自己的演讲主题，以简洁明了的方式提出一系列问题或主题导向，并将这些问题输入 ChatGPT 的提问界面中，以获得与该主题相关的信息和观点。例如，如果演讲主题是"人工智能的未来发展"，则可以问 ChatGPT："人工智能在哪些领域具有潜力？""未来人工智能可能面临哪些挑战？"等。

提示词：

未来人工智能可能面临哪些挑战？

ChatGPT 回复：

未来人工智能可能面临一系列挑战，这些挑战涉及技术、伦理、社会和法律等方面。以下是一些可能的挑战。

1. 伦理和隐私问题：随着人工智能系统变得越来越强大，出现了更多关于隐私保护和伦理问题的担忧。如何确保人工智能的使用符合伦理标准，同时保护用户隐私，是一个重要的挑战。

2. 失业和劳动力市场：自动化和人工智能的普及可能导致某些传统的工作减少，从而引发对劳动力市场的影响。需要制定政策来促使转变，提供培训，以适应新的工作环境。

3. 算法的公正性和透明性：人工智能算法的决策过程往往是复杂的，有时很难理解。这引发了对算法的公正性和透明性的担忧，特别是涉及决策的领域，如法律、金融和医疗。

4. 数据安全和滥用：大规模数据的使用对人工智能至关重要。然而，这也带来了数据泄露、滥用和黑客攻击等风险。确保数据安

> 全和隐私保护是一个重要的挑战。
>
> 5. 人工智能的适应性：目前的人工智能系统通常是在特定任务中进行训练的，对于广泛的任务适应性可能有限。研究如何使人工智能系统更具通用性和适应性是一个挑战。
>
> 6. 超级智能的崛起：当人工智能系统变得越来越智能，并且超越人类的智力水平时，可能会引发关于超级智能对人类的潜在威胁和控制的担忧。制定有效的监管和安全机制是关键。
>
> 7. 法律和监管挑战：随着人工智能技术的发展，法律和监管体系可能需要不断调整，以适应新的技术和应对潜在的风险。确保制定明确的法规，同时促进创新，是一个复杂的挑战。
>
> 这些挑战需要全球性的努力，包括技术创新、政策制定和社会参与，以确保人工智能的发展对人类产生积极、可持续的影响。

你可以从 ChatGPT 生成的回答和见解中搜集相关素材。注意，由于 ChatGPT 是基于大量文本数据进行训练的，因此，它可能提供多个观点和信息。仔细筛选符合你的演讲目标和主题内容即可。

最后，整理和组织搜集到的素材。按照逻辑顺序或主题领域，将相关的观点和信息进行分类，这有助于在演讲中建立清晰的结构，使你能够流畅地传达信息。

此外，你还可以添加个人观点和示例。虽然 ChatGPT 提供了初步的素材，但作为演讲者，你可以融入个人观点和案例，使演讲更具有个性、真实性和说服力。将 ChatGPT 生成的素材作为基础，通过添加自己的观点和例子来定制演讲内容。

可以看出，利用 ChatGPT 搜集素材非常方便，我们只需明确搜集方向和关键词，它就能提供所需的内容。

需要注意的一点是：在搜集古诗词时，ChatGPT 可能会虚构一些内容，因此，当涉及生成素材时，还需要查询真伪。

现在 ChatGPT 已经为我们搜集完素材，接下来就需要演讲者打磨内容了。有趣的是，这部分内容其实也可以交给 ChatGPT 完成，让我们一起来看看它是怎么做的。

3.4 用 ChatGPT 打磨内容

3.4.1 确定主题

如果你只是了解了自己演讲的主题方向，却迟迟未能确定演讲的具体主题，那么不妨把这个问题交给 ChatGPT，让它为你提供一些建议。

例如，如果你正准备做一场与"旅游"相关的演讲，请 ChatGPT 帮忙提供一些演讲主题。提问的方式可以是"身份 + 特点 + 需求"，或者"场景 + 受众 + 需求"。

第一种方式：身份 + 特点 + 需求。你可以尝试用下面的提示词提问。

💡 提示词：

> 作为一个旅游大 V，我的特点是善于利用社交平台进行旅游宣传，请帮我想一个相关的演讲主题。

ChatGPT 回复：

作为一个善于利用社交平台进行旅游宣传的旅游大 V，你可以选择一些引人入胜且具有吸引力的演讲主题，以吸引听众关注。以下是一些建议的演讲主题。

1. 社交媒体影响力的构建和扩散

探讨在社交媒体上如何建立强大的个人或品牌影响力。

提供实用的策略，包括内容创作、社交互动和分享，以扩大影响力的范围。

分享成功构建和扩散社交媒体影响力的案例，以及在这个过程中遇到的挑战和应对方法。

2. 内容创作技巧

提供关于创作引人注目的照片、视频和文字的实用技巧。

强调故事性内容的重要性，让听众更容易与之产生共鸣。

3. 粉丝互动与社交参与

分享与粉丝建立深度互动的方法，包括回应评论、开展问答和投票等。

强调保持社交平台上的活跃度，定期更新内容以保持关注度。

4. 旅行故事与情感

通过个人旅行经历的分享，强调旅行中的故事和个人成长。

探讨如何通过情感元素吸引更多的关注，创造更具吸引力的内容。

5. 旅游行业趋势与潮流

分析当前旅游行业的趋势，提供观点和见解。

探讨如何在社交媒体上跟随和引领行业潮流，与时俱进。

6. 合作与赞助经验

分享与品牌和合作伙伴合作的经验，包括如何建立和维护合作关系。

提供成功合作的案例分析，展示合作对个人品牌的积极影响。

7. 社交媒体危机管理

提供处理负面情况的策略和方法，以维护个人品牌的稳定性。

强调建立积极的社交媒体形象，以降低危机爆发的可能性。

8. 未来旅行体验展望

探讨未来旅游行业的发展方向，以及在社交媒体上如何创造更具前瞻性的旅行体验。

分享对未来技术、社交互动和旅游趋势的独特见解。

通过更集中地呈现这些主题，你可以在演讲中更深入地探讨每个方面，从而使你的观众能够更全面地了解你在旅游宣传方面的专业知识和经验。

第二种：场景+受众+需求。你可以告诉ChatGPT，你将在什么场景发表演讲，受众是哪些，你希望讲什么内容。你可以尝试用下面的提示词提问。

提示词：

我需要在一个旅游协会上作为演讲嘉宾发表演讲，受众主要是当前的旅游从业者。我想讲一些与行业相关的和对从业者有帮助的内容，请帮我想一下相关的演讲主题。

ChatGPT 回复：

当在旅游协会作为演讲嘉宾发表演讲时，你可以选择一些针对当前旅游从业者的具体内容，以提供实用的建议。以下是一些适合的演讲主题：

1. 数字化转型与在线市场

探讨如何利用数字化工具和在线市场提升业务效益。

分享成功案例和实用建议，以适应数字时代的变革。

2. 客户体验和服务创新

强调提升客户体验的关键点，包括个性化服务和创新的旅游产品。

分享改进服务质量的实际方法，以留住现有客户并吸引新客户。

3. 社交媒体营销与品牌建设

分享如何有效地利用社交媒体进行市场推广，提升品牌知名度。

提供实用的社交媒体策略，吸引更多的目标受众。

4. 危机管理与客户关系

探讨应对旅游危机的最佳实践，维护客户信任和业务稳定。

分享成功的危机管理经验和策略。

5. 技术创新与旅游业未来

分析新兴技术对旅游业的影响，如虚拟现实、人工智能等。

提供关于采纳新技术的建议和步骤。

6. 合作伙伴关系与联盟建设

强调建立良好的合作伙伴关系对业务成功的重要性。

分享建立和维护合作伙伴关系的实际经验和技巧。

> 7. 员工培训与发展
> 探讨如何通过有效的培训和发展计划提升员工的综合素质。
> 分享提高团队凝聚力和员工满意度的实际方法。
> 8. 政策变革与行业适应
> 分析政策对旅游业的影响,提供应对政策变革的建议。
> 探讨行业协会在推动有益政策的过程中的作用。
> 这些主题涵盖了旅游业内一些关键的内容,可以帮助从业者更好地理解当前行业趋势,提升业务水平,并提供实用的工具和策略来应对不同的挑战。根据自己的经验和行业洞察,选择一个或多个主题,以确保演讲能够对听众产生实际价值。

当然,如果你想要该问题的更多答案,可以给出提示词"请继续"。如果你对它的回答不太满意,那么你也可以做出回应并让它进行调整。例如,你可以告诉它"我想要探讨疫情之后旅游业如何发展的话题"。这样,你可能会得到更多符合要求的回答。

3.4.2 拟写提纲

在确定主题之后,接下来还可以让 ChatGPT 帮你写演讲提纲,具体做法如下。

第一步:告知演讲主题,请它搭建框架。

在这一步中,你可以让 ChatGPT 不断调整框架,直到符合自己的要求。

例如,采用刚才 ChatGPT 帮我们构思的主题"社交媒体影响力的构建和扩散",让 ChatGPT 拟写初步的演讲提纲。

提示词:

> 我需要在一个旅游协会上作为演讲嘉宾发表演讲,受众主要是当前的旅游从业者。请以"社交媒体影响力的构建和扩散"为主题,提供演讲提纲。

ChatGPT 回复:

> 当以"社交媒体影响力的构建和扩散"为主题在旅游协会发表演讲时,可以使用以下提纲。
>
> 演讲提纲:社交媒体影响力的构建和扩散
>
> I. 引言
>
> A. 介绍演讲主题:社交媒体影响力的构建和扩散
>
> B. 阐述社交媒体在当前旅游行业中的重要性和影响力
>
> II. 社交媒体影响力的基础
>
> A. 定义社交媒体影响力的概念
>
> B. 强调内容质量和一致性的重要性
>
> III. 构建社交媒体影响力的策略
>
> A. 内容创作:如何制定引人入胜、有趣且有价值的内容
>
> B. 社交互动:与受众建立真实而深度的关系
>
> C. 品牌故事:讲述个人或品牌背后的故事,引起共鸣
>
> D. 领导者参与度:个人或品牌的代表如何有效参与社交媒体
>
> IV. 社交媒体平台的选择与优化
>
> A. 分析不同社交媒体平台的特点和目标受众

B. 选择适合个人或品牌的社交媒体平台

C. 优化社交媒体资料和页面，以提升可见性和吸引力

V. 扩散影响力的方法

A. 利用社交媒体分享和传播网络

B. 协同合作：与其他从业者或品牌共同合作

C. 利用趋势和热点：参与讨论并与时俱进

VI. 成功案例分享

A. 分享个人或其他旅游从业者在社交媒体上构建和扩散影响力的成功经验

B. 强调关键决策和策略的影响

VII. 克服挑战和应对负面情况

A. 社交媒体风险：如何避免和应对负面评论和危机

B. 建立危机管理策略，保护个人或品牌形象

VIII. 未来趋势和持续发展

A. 分析社交媒体在旅游行业中的未来趋势

B. 提供持续发展的建议，以适应不断变化的社交媒体环境

IX. 结语

A. 总结关键点

B. 鼓励听众积极应用演讲中提到的策略和方法

C. 提供与听众互动的机会，包括问题和讨论

通过这个提纲，你可以深入探讨如何在社交媒体上提升自己的影响力，提供实际的策略和方法，同时通过成功案例，以及与观众的互动，使演讲更有实用性和吸引力。

第二步：根据自己的实际需求调整提纲。

在这一步中，你可以根据重要性把自己的需求逐一写下来。注意，你需要将所有的需求一起发送给 ChatGPT，并且指明"请根据以上修改意见对大纲进行调整"。

例如，我针对 ChatGPT 给出的大纲再次向它提问。

> 我希望你对提纲进行调整：1. 加入我的个人介绍及成就分享；2. 第二部分"社交媒体影响力的基础"和第三部分"构建社交媒体影响力的策略"，请结合旅游行业的现状来进行修改；3. 第二部分加入要点：如何选择合适的社交平台。请根据这三点对大纲进行调整。

可以看到，这一次的大纲与上一次的大纲相比，其内容更加丰富了，也更符合我们的要求。

此外，我们还可以选择更新答案，让 ChatGPT 进行不同的调整，选择最符合需求的版本。

ChatGPT 回复：

> 调整后的演讲提纲：社交媒体影响力的构建和扩散
>
> I. 引言
>
> A. 介绍演讲主题：社交媒体影响力的构建和扩散
>
> B. 个人介绍及成就分享，以彰显在旅游行业的经验和专业成就
>
> C. 引入个人或品牌在社交媒体上建立影响力的成功案例
>
> II. 个人介绍及成就分享
>
> A. 个人背景：旅游行业从业经验、专业领域及取得的成就

B. 与社交媒体影响力建设相关的个人经历和故事

C. 强调如何将这些经验整合到社交媒体影响力的构建中

III. 社交媒体影响力的基础——旅游行业现状

A. 社交媒体在旅游行业中的重要性及其发展趋势

B. 社交媒体对旅游行业的影响和机遇

C. 如何根据旅游行业的特点制定社交媒体影响力的基本策略

IV. 构建社交媒体影响力的策略—— 适用于旅游从业者

A. 内容创作：根据旅游行业的特点创作引人入胜的内容

B. 与受众建立深度关系：旅游行业的社交互动策略

C. 品牌故事：如何讲述个人或品牌在旅游领域的独特故事

D. 领导者参与度：在旅游从业者中建立个人或品牌的领导地位

V. 社交媒体平台的选择与优化

A. 分析不同社交媒体平台的特点和目标受众

B. 选择适合个人或品牌的社交媒体平台

C. 优化社交媒体资料和页面以提升可见性和吸引力

VI. 扩散影响力的方法

A. 利用社交分享和传播网络

B. 协同合作：与其他从业者或品牌共同合作

C. 利用趋势和热点：参与讨论并与时俱进

VII. 成功案例分享

A. 分享个人或其他旅游从业者在社交媒体上构建和扩散影响力的成功经验

B. 强调关键决策和策略的影响

VIII. 克服挑战和应对负面情况

A. 社交媒体风险：如何避免和应对负面评论和危机

B. 建立危机管理策略，保护个人或品牌形象

IX. 未来趋势和持续发展

A. 分析社交媒体在旅游行业中的未来趋势

B. 提供持续发展的建议，以适应不断变化的社交媒体环境

X. 结语

A. 总结关键点

B. 鼓励听众积极应用演讲中提到的策略和方法

C. 提供与听众互动的机会，包括问题和讨论

3.4.3 丰富素材

在确定提纲之后，演讲稿就有了大体的"骨架"。接下来可以根据提纲中的要点搜集相关的素材，对演讲内容进行填充，使其更加"有血有肉"。那么，ChatGPT 能够提供哪方面的素材呢？具体如下。

- 在线搜索：利用各种在线资源，如网站、社交媒体和论坛等搜集与演讲主题相关的信息。

- 图书馆研究：如果想要深入了解特定领域的信息，ChatGPT 可以对当地图书馆或学术机构的数据库进行研究，并找到相关的图书、文章和期刊，以获取更全面的信息。

- 采访专家：如果需要更深入的见解或关于特定话题的内部信息，ChatGPT 可以协助安排和进行专门采访，帮助你获取有价值的信息和观点。

- 数据分析：如果需要更多的数据支持演讲内容，ChatGPT可以帮助搜集并分析统计数据、调查结果或其他类型的数据，以确保演讲更具有说服力。

3.4.4 拟写稿件

根据前面得到的演讲提纲和相关素材，你可以向 ChatGPT 发送指令，让它生成一篇逻辑清晰的演讲稿。

需要注意的是，如果你在开启此对话前插入了其他的问题，为保证 ChatGPT 能够完全理解你的提纲，则可以把提纲粘贴到最新的对话中再进行提问。

ChatGPT 回复：

> 演讲稿：社交媒体在旅游行业中的重要性及其发展趋势
>
> 尊敬的各位听众：
>
> 很荣幸能在这个美好的时刻，与各位分享有关旅游行业的一个备受瞩目的主题："社交媒体在旅游行业中的重要性及其发展趋势"。
>
> I. 引言
>
> 旅游，是连接人与世界的桥梁，是感受不同文化、体验新奇冒险的途径。然而，在过去的几十年里，旅游行业经历了翻天覆地的变革，其中最显著的一点就是社交媒体的崛起。
>
> II. 社交媒体的崛起
>
> 随着移动互联网的飞速发展，社交媒体逐渐渗透到我们生活的方方面面。在旅游行业中，社交媒体已经不再只是信息传递的工具，还是一个连接旅行者、分享体验、引领旅游潮流的平台。

III. 社交媒体在旅游行业中的重要性

1. "90后"成为出游主力军

根据携程网发布的《2021年"五一"旅行大数据报告》，这个五一小长假，"90后"成为出游人群中的主力军。这一年轻人群体多数通过网络渠道获取旅游信息，社交媒体成为他们获取旅游信息的主要方式。其中，微信、微博、抖音等社交平台获得了超高的关注度。

2. 社交媒体成为旅游目的地吸引游客的关键因素

根据艺龙旅行网的数据，2019年，春节旅游热门目的地排行榜前三名分别是泰国、日本和新加坡。在这些旅游目的地中，社交媒体已经成为吸引游客的关键因素之一。例如，泰国的普吉岛、曼谷和清迈等地都拥有许多网红打卡点，在社交媒体上广受欢迎。

3. 中国互联网普及率和社交媒体的崛起

中国互联网络信息中心的报告显示，我国目前有超过6亿名网民，互联网覆盖率达到了45.8%。随着移动互联网技术的普及和社交媒体的发展，网络已成为旅游行业重要的信息渠道和销售平台。微信、微博、抖音等社交媒体平台已经成为旅游企业获取用户信息，并进行推广的主要渠道之一。

这些数据不仅揭示了社交媒体在旅游行业中占据着不可忽视的地位，也为我们深入了解社交媒体的发展趋势提供了有力支持。

IV. 社交媒体在旅游行业中的发展趋势

1. 个性化体验和内容创作的崛起

随着年轻一代旅行者的增多，个性化体验和内容创作成为社交媒体的新潮流。旅行者通过社交媒体分享独特的旅行体验，这不仅丰富了平台上的内容，也推动着旅游行业朝着更个性化的方向发展。

2. 社交电商和旅游的融合

社交媒体将进一步成为旅游产品的销售平台。通过社交媒体，旅行者可以直接购买机票。

提示词：

继续

ChatGPT 回复：

预订酒店、参与旅游活动，社交电商的兴起将进一步改变传统的旅游交易模式。旅游行业需要更加注重在社交媒体上搭建便捷、安全的购物通道，提供个性化推荐，使用户能够在社交平台上一站式完成旅行需求。

3. 虚拟和增强现实技术的应用

虚拟和增强现实技术的不断发展为旅游行业带来新的可能性。通过社交媒体，旅行者可以提前"体验"目的地，这不仅提高了旅游的期待感，也为旅行前的准备提供了更多信息。未来，我们有望看到更多基于虚拟和增强现实技术的创新，为旅游行业带来更丰富、真实的体验。

V. 结语

在社交媒体时代，旅游行业的发展与社交媒体的发展密不可分。社交媒体不仅仅是信息传递的工具，更是连接旅行者、塑造旅游体验、推动行业发展的力量。让我们共同关注并积极参与社交媒体，共同见证旅游行业在这个数字化时代的璀璨未来。

感谢大家的聆听！谢谢！

相信你也发现了，很多时候，ChatGPT 生成的内容缺乏"温度"。因此，这样的演讲稿虽然看起来逻辑清晰，但缺乏感染力和吸引力。如果你还想要继续用这篇稿子，不妨让 ChatGPT 进行润色。

提示词：

> 请让语言更有诗情画意，增加一些比喻、排比的修辞。

ChatGPT 回复：

> 演讲稿：社交媒体在旅游行业中的重要性及其发展趋势
>
> 尊敬的各位听众：
>
> 踏上旅途的心情，就如同在五彩斑斓的梦幻森林中漫步，而今天我愿与您分享的主题是："社交媒体在旅游行业中的重要性及其发展趋势"。
>
> I. 引言
>
> 旅途，是一首奇妙的交响乐章，是梦想与现实的交汇处。然而，这场奇妙的旅行交响曲，如今正被一群翩翩起舞的数字之蝶，也就是社交媒体，吹奏得更加动听悠扬。
>
> II. 社交媒体的崛起
>
> 如同夜空中绽放的繁星，社交媒体在旅游行业中如影随形。它不再只是信息的传递者，还是连接旅行者灵魂、传递旅行激情、引领旅游潮流的奇妙仙乐。

III. 社交媒体在旅游行业中的重要性

1. "90 后"，舞动梦幻舞池

在这五彩斑斓的旅游仙境中，"90 后"群体如同梦境中的精灵，他们通过网络渠道，漫游在信息的花海，而微信、微博、抖音等社交平台，犹如星辰闪耀，吸引着他们的灵魂在数字的星空中徜徉。

2. 社交媒体，翩翩蝶舞旅行的乐章

根据艺龙旅行网的数据，2019 年，春节旅游热门目的地排行榜前三名犹如音符跳跃的音阶：泰国、日本、新加坡。而这些旅游目的地中，社交媒体已然成为一幅引人入胜的画卷，比如泰国的普吉岛、曼谷和清迈等地，如同画中仙境，在社交媒体上广受欢迎。

3. 中国互联网，网络之花盛放

中国互联网络信息中心的报告如同在云端盛开的花朵，告诉我们，中国已经有超过 6 亿名网民，互联网覆盖率达到了 45.8%。这个数字世界，正如一片璀璨星海，而微信、微博、抖音等社交媒体平台，犹如舞台上的明星，成为旅游企业获取用户信息并进行推广的主要渠道之一。

这些数据如同诗篇中的铿锵之音，为我们奏响了社交媒体在旅游行业中的至高旋律。

IV. 社交媒体在旅游行业中的发展趋势

1. 个性化体验，如诗如画

社交媒体不再只是信息的传递，还是一幅幅如诗如画的个性化体验画卷。旅行者通过社交媒体分享着他们眼中的仙境，这不仅是文字和图片的分享，更是心灵的交流。社交媒体，如同一支神奇的调色笔，描绘出千姿百态的旅行之美。

2. 社交电商，翩翩花舞商海

社交媒体将成为旅游产品的绚烂舞台。通过社交媒体，旅行者可以在商海中翩翩起舞，购买机票、预订酒店、参与旅游活动，如同在花瓣之间轻盈飘动，社交电商的兴起将改变传统的旅游交易模式。

3. 虚拟与增强，梦幻之景呈现

随着虚拟和增强现实技术的不断发展，社交媒体为我们呈现了一幅梦幻般的景象。旅行者可以通过社交媒体提前感受目的地的风景，仿佛置身于梦境之中。这不仅增加了旅行的期待感，也为旅行前的准备提供了更为细致的参考，如同一场奇妙的幻梦。

V. 结语

在这个奇妙的数字舞台上，社交媒体与旅游行业共同编织出一幅幅令人陶醉的画卷。它们如同交响乐的旋律，唤醒我们对于旅行的向往，引领着我们走向更加丰富多彩的未来。

让我们在这五光十色的数字花园里，共同感受旅行的魔力，聆听社交媒体的歌谣。在这个数字化的时代，旅游行业与社交媒体的交融定将为我们奏响更加美妙的旋律。

感谢各位的聆听，愿您在这旅途中找到心灵的栖息地。谢谢！

当然，对于长篇文章的修改，ChatGPT 目前的回复少了一点。所以，你不妨尝试以段落为单位进行修改，可能会获得更加实用的结果。此外，如果你拥有更高超的 AI 对话技巧，可以尝试先向 ChatGPT 提供你的其他稿件，再让 ChatGPT 以此为基础进行润色，这样就可以获得风格、语气与自己更相符的文本内容。

3.4.5 预设问题

除了利用 ChatGPT 准备演讲稿，你还可以利用 ChatGPT 预设问题，让它从观众角度提出一些可能的问题，并提供相应的答案。

例如，以下是 ChatGPT 根据前面生成的演讲稿预设的 10 个观众可能会提问的问题，以及对这些问题的回答。预设这些问题可以让你更好地准备演讲之后的提问环节，做到有备无患。如果你对某一个问题感兴趣，或者希望再次展开某个问题，也可以针对这个点继续提问和调整。

ChatGPT 回复：

> 1. 社交媒体是否会对传统旅游业造成冲击？
>
> 回答：社交媒体的崛起无疑改变了旅游业的格局，但我们更应看到这是一种机遇。社交媒体为传统旅游业带来了更多曝光和用户互动的机会，提高了行业的数字化水平，而不仅仅是冲击。
>
> 2. 如何看待社交媒体上的虚拟旅游体验与实际旅行的关系？
>
> 回答：虚拟旅游体验是社交媒体发展的一部分，它不是替代实际旅行，而是为旅行提供更多前期准备和期待的乐趣。实际旅行仍然是丰富体验和真实感受的关键。
>
> 3. 社交媒体如何影响旅游业的可持续性发展？
>
> 回答：社交媒体有助于推动旅游业更注重可持续性发展。通过社交媒体，旅游从业者可以传递环保理念、提倡文化保护，并倡导对环境友好的旅行方式。

4. 在社交媒体上推广旅游内容时，如何确保信息的真实性和可信度？

回答：保持信息真实性是社交媒体推广的核心之一。旅游从业者需要提供真实的旅行体验，建立良好的口碑。此外，监管机构的介入和用户的参与也是确保信息可信度的重要因素。

5. 对小型旅游企业来说，如何在社交媒体上打造品牌和影响力？

回答：小型旅游企业可以通过创意、独特的内容吸引用户。与用户互动，回应评论，提供个性化的服务，都是在社交媒体上打造品牌和影响力的有效途径。

6. 您认为未来社交媒体在旅游行业中的发展方向是什么？

回答：未来社交媒体在旅游行业中可能更加强调个性化体验，整合虚拟和实际旅行，以及推动更多的社交电商和互动体验。

7. 社交媒体上的旅游推荐往往以热门景点为主，对于一些冷门但独特的目的地，如何在社交媒体上获得曝光？

回答：创造独特而引人入胜的内容是关键。通过讲述冷门目的地的故事，分享个人的深度体验，吸引用户的好奇心，是在社交媒体上获得曝光的有效途径。

8. 在社交媒体上如何应对负面评论和危机公关？

回答：及时、诚实地回应负面评论，采取积极的危机公关措施，是应对负面情况的有效手段。同时，建立健全的危机管理策略也是必要的。

9. 虚拟和增强现实技术在旅游中的应用是否会导致实际旅行需求下降？

回答：虚拟和增强现实技术是为了提升旅行前的体验，而非替代实际旅行。它更像是一种前奏,为实际旅行打下美好的基调,实际旅行的需求不会被替代。

10. 社交媒体对旅游行业的数字化水平有何影响?

回答:社交媒体推动了旅游行业数字化水平的提升,包括在线预订、电子支付、个性化推荐等方面。这为旅行者提供了更便捷、个性化的服务体验。

你可以针对提出的问题进行追问,从而获得更加详细的回答。例如,根据下面的提示词提问。

提示词:

在社交媒体上如何应对负面评论和危机公关?

ChatGPT 回复:

在社交媒体上应对负面评论和危机公关是维护品牌声誉和用户信任的关键环节。以下是一些建议。

1. 及时回应

对于负面评论,及时回应是至关重要的。快速回应能体现出企业对该问题的关注,以及积极解决问题的态度。不回应可能被视为漠不关心。

2. 保持冷静

面对负面评论,保持冷静是必要的。避免情绪化的回应,不要与评论者陷入争吵之中,而是以理性和客观的语气回应。

3. 私下解决问题

如果可能,尽量将问题私下解决。向评论者提供联系方式,表达愿意解决问题的态度,并通过私信或其他私密渠道进行具体的沟通。

4. 公开道歉和改进计划

如果问题是由企业失误引起的,公开道歉是必要的。同时,说明问题的原因,并分享改进计划,让用户看到问题的解决方向。

5. 提供解释和事实

如果负面评论基于误解或不准确的信息,提供事实和解释是必要的。以真实、客观的数据回应,帮助其他观众理解真相。

6. 培养积极的品牌形象

在危机公关之前,建立积极的品牌形象是关键。通过提供高质量的产品和服务,积极参与社交媒体互动,树立企业的良好声誉。

7. 制定应对危机的预案

在危机发生之前,制定好应对危机的预案是必要的。明确责任人,建立团队,以应对各种可能的情况,从而能够快速、有效地应对问题。

8. 吸取教训

每一次负面评论和危机都是学习的机会。在解决问题后,进行内部总结,了解问题的根本原因,并制定长期的改进计划,以避免将来出现类似问题。

9. 关注舆情变化

持续关注社交媒体上的舆情变化,及时发现潜在的负面趋势,并采取预防措施,有助于降低危机发生的可能性。

10. 寻求专业人士帮助

对于复杂或严重的危机,寻求专业的公关帮助可能是明智之举。专业的危机公关团队可以提供更全面、更有针对性的解决方案。

3.4.6 视觉建议

"AI 的真正价值在于，它可以帮助人类更好地解决各种问题，提升我们自身的能力。"人工智能和机器学习领域权威学者吴恩达这样阐述 AI 的价值。

我们在使用AI工具时，如果仅仅停留在让它帮我们修改文本的层面，就有些大材小用了。不要忘了，AI还有一项强大的功能：协助制作幻灯片或其他视觉辅助工具，以增强演讲效果和表现力。

如何应用这一功能呢？记住一个原则：当你面对 AI 不知道如何做的时候，请直接把你的困惑或问题抛给它。

提示词：

> 你如何帮助我制作幻灯片或其他视觉辅助工具？

ChatGPT 回复：

> 如果您需要制作幻灯片或其他视觉辅助工具，以下是一些我可以提供的帮助和建议。
> 1. 协助制作 PPT
> 提供关于 PPT 制作的一般建议，包括页面组织、幻灯片顺序和整体结构，以确保您的 PPT 清晰，有吸引力。
> 2. 图像选择和建议
> 提供主题或关键词，我可以帮助您选择或建议相关的图像，以增强幻灯片的视觉吸引力。

> 3. 图表设计
>
> 提供数据，我可以协助选择适当的图表类型，并提供关于样式和颜色的建议，以确保信息清晰、明了。
>
> 4. 颜色搭配
>
> 描述您希望传达的情感或主题，我可以提供关于颜色搭配的建议，以确保幻灯片从视觉上看具有一致性。
>
> 5. 动画效果
>
> 如果您需要使用动画效果，我可以提供建议，确保它们与您的内容和风格相匹配，增强视觉效果。
>
> 6. 视觉主题和风格指导
>
> 描述您想要的整体视觉主题，我可以提供一些建议，确保幻灯片的外观与您的预期一致。

接下来，我们一起来尝试使用 ChatGPT 的这些功能。

1. 协助制作 PPT

你可以把已经整理好的演讲稿提纲发给 ChatGPT，让它生成一份 PPT。提问形式为："（提纲内容）+ 请根据演讲稿大纲为我准备 PPT"。

在这个过程中，你需要不断调整，让 PPT 中的标题和内容字数符合你的需求。

例如，在 ChatGPT 一开始给出的 PPT 构思的基础上，我们可以让它对每一页的内容都进行精简，最后按照"标题 + 内容"的格式呈现。

调整前的 PPT 内容构思如下。

ChatGPT 回复：

标题：如何利用社交媒体构建个人品牌，实现旅游行业的商业价值

1. 引言

演讲主题介绍："如何利用社交媒体构建个人品牌，实现旅游行业的商业价值"

个人在旅游行业的经验和专业成就简介

2. 社交媒体在旅游行业中的重要性及其发展趋势

社交媒体在旅游行业的崛起

当前社交媒体在旅游行业的应用情况

发展趋势和未来展望

3. 构建社交媒体影响力的策略

定义个人品牌的目标和价值观

精确定位目标受众

制定内容策略，包括图片、视频、故事等形式

选择合适的社交平台

4. 扩散影响力的方法

利用社交媒体工具和功能，如分享、转发、标签等

与旅游行业相关的关键人物互动

创造有趣、引人入胜的内容

制定持续的更新和发布计划

5. 成功案例分享

分享个人或其他旅游行业从业者在社交媒体上取得的成功案例

强调关键策略和行动，以及取得的商业价值

> 引导听众从中汲取灵感和经验
> 6. 结语
> 总结主要观点和策略
> 鼓励听众积极运用社交媒体构建个人品牌，实现商业价值
> 提供联系方式，鼓励进一步交流和合作

精简后的内容如下。

> 标题：社交媒体驱动旅游业的商业价值
> 1. 引言
> 主题介绍与个人经验概述
> 2. 社交媒体的重要性及趋势
> 崛起、应用情况、未来展望
> 3. 构建社交媒体影响力策略
> 定义品牌目标、精准定位、内容策略、选择平台
> 4. 扩散影响力方法
> 利用社交媒体工具、互动、有趣内容、发布计划
> 5. 成功案例分享
> 个人或同业者成功案例，关键策略和商业价值
> 6. 结语
> 总结观点、鼓励运用社交媒体实现商业目标

2. 选择字体和配色方案

通过以上步骤，我们已经获得了简易版的 PPT 大纲，接下来，不妨让 ChatGPT 充当视觉助理，根据演讲主题选择字体和配色方案。

提示词：

请根据以上演讲主题和幻灯片内容，提供字体选择和配色方案。

ChatGPT 回复：

字体选择和配色方案建议：

字体：

主标题：华文行楷

正文文字：微软雅黑

配色方案：

1. 主色调

主标题和重要信息：#3498db

背景色：#ecf0f1

2. 辅助色调

强调文字和图标：#e67e22

深色文字：#2c3e50

3. 文字颜色

正文文字：#333333

注意事项：

保持整体风格简洁和专业。

使用高对比度的颜色确保文本易于阅读。

避免使用过于亮眼或刺眼的颜色，以确保观众集中注意力。

在图标和重要信息上使用辅助色调，以引导视线和强调关键点。

选择字体时确保清晰易读，避免使用装饰性过多的字体。

> 这样的字体和配色方案应该有助于传达专业、清晰和引人注目的演讲主题和内容。

如果你对配色方案有疑问，或者想要更多的配色建议，不妨继续提问。例如，你可以问："请给出五种具体色系的配色方案，要求：符合旅行行业、互联网行业的风格。"

ChatGPT 回复：

> 1. 蓝海度假风格
> 主色调：#0077cc（深海蓝）
> 辅助色调：#ffa500（橙黄色）
> 背景色：#f0f8ff（爽朗天蓝）
> 2. 大自然探险风格
> 主色调：#2ecc71（新绿色）
> 辅助色调：#ffcc00（鲜艳黄）
> 背景色：#f5f5f5（浅灰白）
> 3. 科技未来感风格
> 主色调：#3498db（冷静蓝）
> 辅助色调：#2ecc71（新绿色）
> 背景色：#ecf0f1（明亮灰）
> 4. 传统文化体验风格
> 主色调：#b9770e（古铜色）
> 辅助色调：#ff7f50（珊瑚橙）
> 背景色：#faf0e6（亮橙色）

> 5. 都市现代旅行风格
> 主色调：#e74c3c（大胆红）
> 辅助色调：#2c3e50（深蓝灰）
> 背景色：#f4f4f4（淡灰）
> 这些配色方案旨在展现旅行和互联网的现代感，同时各具特色，适应不同场景和目标受众。选择时可以考虑目标观众的喜好和预期的氛围。

你可以进一步尝试，看看在不同的配色方案中，哪一种更符合你的演讲主题和演讲风格，从而做出最佳的选择。

好了，奇妙的 AI 演讲创作之旅到此就告一段落了。

AI 工具（如 ChatGPT）作为一种新型工具和技术，可以帮助演讲者更好地准备演讲，提供搜集素材、打磨内容等帮助，从而大大缩短我们的准备时间，提升演讲效果。

然而，AI 的意义在于以更加高效和智能的方式提升生产力，而不是取代人类的劳动力。

相信你也感受到了，AI 生成的语言风格与真正的演讲者之间还是有很大差距的。当前的语言模型仍然存在一些语法和逻辑错误，需要修正。此外，在某些情况下，由于模型的局限性，AI 工具可能无法完全理解你的意图或呈现你希望的效果。所以需要你非常有耐心且仔细地进行回复和调整。

在使用 AI 工具时，你也应该有自己的思考和创造力，学会如何平衡 AI 创作的内容与自己的想法，以便最大化地发挥 AI 的作用,同时体现演讲的个性化。毕竟,这才是演讲中最有价值的地方。

除了ChatGPT,你也可以使用"文心一言"工具,它的功能同样非常强大。

第4章

速记内容，放松身心

4.1 制作演讲用的 PPT

在演讲时，PPT 的呈现也是不可或缺的一环，这不仅能够体现演讲者的专业素养，还能给观众留下深刻的印象。

4.1.1 单页 PPT 设计规则

1. 一页 PPT 只有一个观点

在制作 PPT 时，你只需要记住一个原则：少即是多。一页 PPT 只能有一个观点。不管你想要表达的内容有多少，都要记住一点：用一句话提炼你的核心观点。

2. 一页 PPT 不要超过 30 个字

试问：如果有人在 PPT 中堆砌了密密麻麻的一大段文字，你会逐字逐句认真看，还是一眼略过？

相信大多数人的选择都是后者。实际上，全是文字的 PPT 不仅在观感上不够美观，还会给人一种不专业、不干练的感觉。

如果你希望观众快速了解你正在表达的观点，正确的做法应该是：围绕演讲的中心观点，将你想要呈现的内容进行筛选，只留下必要且重要的关键信息作为补充，一页 PPT 的所有字数通常不要超过 30 个字。

3. 一页 PPT 不要超过 3 行

当你把关键信息筛选好之后，接下来还有一个必要的动作：将关键信息分类。分类的目的：一方面是让观众清晰地了解演讲的逻辑关系和主要思想，另一方面，也可以帮助你抓住演讲重点，避免发生忘词的情况。

心理学研究表明，人类的短时记忆存在能力极限，信息模块最大的存储单元数量为 3~5。3 行 PPT 其实也方便观众短时记住演讲的关键内容。

4. 一页 PPT 内容的演讲不要超过 3 分钟

在演讲过程中，展示 PPT 的目的是更好地提升演讲效果，一张 PPT 中的内容演讲时间最好控制在 3 分钟以内。这样既能保证演讲的主要思想在 PPT 中呈现出来，也能及时切换新一页 PPT 来让观众的注意力集中。

5. 一分钟内翻过的 PPT 不要超过一页

切记：在展示 PPT 时不能为了速度快就连续翻页，不能走马观花，要让你的演讲速度跟上 PPT 翻页的速度。

4.1.2 PPT 排版常用技巧

1. 演示黄金比例

PPT 的演示比例在某种程度上反映了演讲者的审美能力。过去使用 PPT 时，很多人沿用的比例是 4∶3，现在大多数显示设备的比例都是 16∶9。在条件允许的情况下，建议你提前了解演讲时 PPT 播放设备的比例，以此来确定 PPT 页面的比例。

2. 用好对齐功能

（1）对齐图片。当你需要在一页 PPT 中插入多张图片时，需要注意图片的边缘是否对齐。这样做的好处是能够让 PPT 看起来更加有序、美观。

（2）对齐文字。文字的对齐比图片的对齐更重要，因为一旦文字板块没有对齐，PPT 页面就会显得十分凌乱。

对单个文本框而言，编辑好文字之后，按照实际情况进行对齐即可；如果是多个文本框，则需要同时选中所有的文本框，再进行对齐操作。

（3）人像高度。在演讲的 PPT 中有时需要放人像图片，这时要特别注意在调整人像图片的高度时不能改变图片原来的比例，否则就会使人像"变形"。

（4）内容居中。在演讲的 PPT 中，其内容除了需要特殊设计的部分，大部分都可以设置为"居中"。因为在中国文化的传统中，对称是一种极致的中式美学。当你把内容居中排版时，就会实现图文对称的效果，给人一种稳定、踏实、舒适的感觉，无形中也会增加演讲的权威性和说服力。

（5）文字和图片边缘对齐。PPT 中的文字和图片边缘对齐可以让 PPT 看起来更像一个整体，达到所谓的平衡艺术。

4.1.3 选择字体

文字是 PPT 中最基础，也是最常见的设计元素。如果想要充分发挥文字的魅力，演讲者就需要从字体上下功夫。用对字体，事半功倍，哪怕没有酷炫的图片、出彩的设计，同样能做出一份美观的 PPT。

接下来介绍两种实用且美观的字体：方正超粗黑简体和方正清刻本悦宋。

1. 方正超粗黑简体

不同风格的字体可以满足不同需求的 PPT。对于演讲型 PPT，方正超粗黑简体是商务场景不错的字体选择。

方正超粗黑简体的应用较广，其字形结构比较传统，中宫紧凑，笔画粗重坚实。在传统的几款黑体字中，方正超粗黑简体的笔画是最粗的，其字形风格庄重、醒目，通常用于报纸、杂志中的大标题，以及具有力量感的广告标语。所以，在 PPT 中应用这种字体能够突出演讲的重点，更显沉稳、大方。

2. 方正清刻本悦宋

方正清刻本悦宋是一款以宋体为基础创作的方正字体。它的特点是字形修长、撇捺舒展、加锋圆润、线条灵动优美，充满古朴意趣，非常适合用在中国风、典雅、小众设计的 PPT 中。如果你的演讲涉及传统元素、古风元素，那么不妨试试这种字体，它可以让你的 PPT 多一丝灵动和典雅。

4.1.4 选择音乐

在生活中,音乐是一种对我们的大脑和心灵都能产生巨大影响的艺术形式。在演讲中,如果能恰当地使用音乐,让观众的心情随着音乐发生变化,将会起到不错的效果。接下来你可以按照四种不同类型的场景为演讲配乐。

1. 出场音乐

在演讲开始时,如果需要让演讲现场热闹起来,则最好用一些能够调动观众情绪的音乐来引发关注,这些音乐风格最好是热烈的、欢快的,能够起到烘托气氛、聚拢人气的作用。下面推荐几首可以作为出场音乐的曲子。

- *wake*:该首曲子的曲调比较欢快,适合在非正式场合的出场活动中使用。曲子的开头还配有掌声,非常应景。
- *The Final Countdown*:这是电影《赌王》中周润发的出场音乐,它给人一种巨星出场的感觉,适合用在公司年会等商务场合中。
- *Hero's Theme*:这一首也是在电影中常常能听到的英雄出场的音乐,用在一些庄重的、大气的场合再合适不过了。
- *He's a Pirate*:这是电影《加勒比海盗》的配乐,每当电影的主人公杰克船长将剧情推向高潮时就会响起。该首曲子是电影配乐大师克劳斯巴德尔特(Klaus Badelt)和汉斯季默(Hans Zimmer)的作品,它可作为暖场音乐。

你也可以根据自己的风格和实际场景选择合适的音乐,比如,有一次,在上海我的"演说生产力"课程现场,出场音乐播放了《上海滩》，效果非常好。而我最喜欢的出场音乐是《你笑起来真好看》，它能够给现场学员以温暖、亲和、接地气的感觉。

2. 背景音乐

演讲时的背景音乐需要结合演讲的主题来选择，尤其是需要契合演讲时的气氛和情绪，这样才不会让观众有突兀感。

下面提供不同的演讲场景适合的背景音乐供参考。

- *Love is*：这首曲子的曲调舒缓、轻柔，让人感觉十分舒适，不知不觉中就受到情绪的感染，适合用在充满正能量、温情、女性主题演讲的场合。
- 《拥抱梦想》：该首曲子给人的整体感觉是积极向上的，能够向观众传达正能量，让人感觉心潮澎湃，心中充满力量，适合用在梦想、追求、奋斗等主题演讲的场合。

在每次的线上直播训练营演讲比赛中，我会根据学员演讲的主题来匹配合适的背景音乐，比如，当学员演讲爱国主题时，我就播放《我和我的祖国》或《我爱你中国》，当学员演讲励志主题时，我就播放《夜空中最亮的星》或《倔强》；当学员讲得很幽默时，我就播放《菊次郎的夏天》……

注意，背景音乐不要放带歌词的，最好放钢琴曲、小提琴曲，否则会影响演讲效果，除非演讲者现场唱歌，把演讲氛围推向高潮。

3. 转场音乐

不少电影的转场都是用音乐来实现的。在演讲场景中，同样也可以用音乐来进行转场，让转场音乐带着观众迅速进入下一个场景。

这里推荐几首适合用于转场的音乐：*Intro*、*Rapture*、*Morsmordre*、*Nothing To Fear*、*Inspire*、*Journey*、*The Right Path* 等。

4. 效果音

效果音指的是在动画、游戏、节目等中加入的音乐。效果音可分为自然界的音乐和人为创造的音乐两大类。自然界的音乐包括风声、雨声、鸟鸣声等；人为创造的音乐如火箭发射声、汽车鸣笛声等。如果你在演讲中恰好提到了这一类音乐，不妨加入效果音，让观众有身临其境之感，让他们通过音乐快速进入你所营造的氛围中。

5. 退场音乐

当演讲结束的时候，你也可以选择退场音乐来营造氛围，让演讲效果余韵袅袅。由于演讲已近尾声，所以音乐的选择可以以舒缓、抒情的曲子为主。*Last Reunion*、*The Ludlows*、*The fire within*、*It is my life* 等曲子舒缓的部分都比较适合作为退场音乐。

例如，在我的"演说生产力"课程现场，第一天结束前，我就会结合所在城市带动全场学员唱一首歌，比如，在广州讲课时，就用粤语唱《光辉岁月》；在成都讲课时，就唱《成都》；在厦门讲课，就用闽南话唱《爱拼才会赢》；在上海讲课时，就唱《上海滩》……演讲与场景相结合时，就会变得很有意思。

学习完本节的内容后，相信你对制作演讲型PPT和挑选音乐都胸有成竹了，是不是迫不及待地想要试一下呢？接下来，我们将会一起解决发生在演讲过程中非常常见的问题——忘词，让你真正做到"快速记忆"。

4.2 快速记忆演讲内容

演讲内容准备好后,演讲者如何确保在演讲过程中对所说的内容不出错呢?下面介绍几种快速记忆演讲内容的方法,如图4-1所示。

快速记忆演讲内容的方法
- 绘制思维导图
- 演讲是走出来的
- 记忆宫殿的本质
- 小标题编成诗
- 用故事做引导

图 4-1

4.2.1 绘制思维导图

做过演讲的人应该都有这种体会:明明演讲内容是自己准备的,但在正式演讲时还是会遗忘一些重要的点。有人因此质疑自己的演讲能力。

其实大可不必这么焦虑,你可以使用思维导图工具帮助记忆演讲内容,因为思维导图工具符合人类大脑神经连接的特点,即它可运用发散特点将分散且有关联的内容通过一张图连接起来,能让使用者快速将零散的内容串起来。

绘制思维导图时需要提取关键点，这实际上就是帮助演讲者进行关键词句的细化处理，将内容整理并简化成符合上下层逻辑关系的发散图谱。将演讲内容以平面展开的形式呈现出来，不仅能激发演讲者对内容的思考与联想，还能体现较强的个性化特征，做到"千人千图"。这样即便遇到同样的演讲主题，你也能讲出自己的风采。

写完初稿后，我们可以绘制一张思维导图来梳理演讲思路。

我们都知道，一篇演讲稿通常有很多页，我们不可能逐字逐句去背诵演讲稿，此时利用思维导图将演讲大纲进行结构化处理，把演讲主题和演讲框架画出来，就可以帮助我们记忆。

这里需要提醒的是：最好事前把演讲的重点、故事名字、案例名称等信息用醒目的字体和颜色进行标注。这样在演讲过程中，如果忘了词，也会使我们快速恢复记忆。另外，在复盘时还能让我们快速了解到演讲的主题内容。

演讲的本质就是沟通，其沟通对象从一个人变成了一群人。这种一对多的沟通如果没有一个主题框架，演讲者就很容易受周围环境的影响，进而偏离主题。

根据演讲要传递的价值观来确定演讲主题。将演讲主题尽可能浓缩成短的句子或词语，放在思维导图的中心。演讲者可以在中心主题中插入图片或图标，增加思维导图的吸引力，方便自己在演讲前记忆。从思维导图的中心开始，一层一层地向外扩展，建议不超过三层，每层不超过三点。画思维导图的过程也是梳理演讲逻辑的过程。

有人会问：为什么别人画的思维导图像一件艺术品，而自己画的却很难看。这里先说说我的一个故事。2016年，我与思维导图创始人东尼·博赞一起受邀参加全球演讲比赛总决赛，他就坐在我旁边，我们聊得很开心，一起吃饭时，他给我展示了他为选手画的思维导图，我看了一眼，用两个字形容：难看；用一个字形容：丑。他看出了我的感受，一边笑，一边说："思维导图的关键是梳理自己的思路，自己能看懂就可以了，没必要画得很漂亮。"我非常认同这个观点。

4.2.2 建立"记忆宫殿"

如何记住演讲内容？除死记硬背外，有一个很好的技巧——建立自己的"记忆宫殿"，它可以帮助我们解决记忆演讲内容的问题。

"记忆宫殿"是目前已知最强大的记忆技巧。时至今日，一些令人难以相信的记忆绝活也是因为它起的作用。比如，世界记忆冠军多米尼克·奥布莱恩能记住54张桌子上的所有牌（共2808张）的顺序，而每张牌他只看过一次，应用的技巧就是"记忆宫殿"。

试想：如果将这个技巧用在我们的演讲中，就再也不用担心忘词了。

1. "记忆宫殿"的本质

先讲讲关于"记忆宫殿"的来源。相传古希腊诗人西摩·尼得斯曾参加了一场宴会，他因为有事，中途离场，但他离开后不久，举办宴会的这栋大楼突然倒塌了，除他外，无人幸存。废墟中的尸体早已面目全非，但西摩·尼得斯根据记忆中宾客们的位置，将他们一一分辨了出来，受此启发，他便发明了"记忆宫殿"记忆法。

其实，"记忆宫殿"的本质是联想法，就是将要记忆的内容与自己熟悉的一所宫殿进行关联，让陌生的事物与熟悉的宫殿产生联系，进而从"已知"引出"未知"，从而加深记忆。这种方法曾被古希腊演讲家用来记忆演讲稿。现在则是记忆竞赛中选手们常用的记忆方法之一。

2. 建立你的"记忆宫殿"

（1）选取一组熟悉的位置或地点。

"记忆宫殿"中的"宫殿"只是一种比喻，它可以是任何物体，比如：你的房间、从家到公司的路，或者你玩的游戏中特别熟悉的一个城堡。只要你对某一空间足够熟悉，就可以作为你独属的"宫殿"。

选定好"宫殿"后，就可以选取其中几个有特点的物件或位置，并按照一定的顺序串联成一条线，不断强化这条线中特殊的标记。

需要提醒的是：这些标记一定要牢记，它们会成为连接你演讲稿关键点的"锚"。

（2）将"宫殿"中的位点与记忆内容对应。

找好"宫殿"，并选好路径后，就可以把演讲稿的关键词与宫殿内的特殊物件对应起来了。

比如，你的演讲稿中有以下几组关键词：成长思维、自尊心、自律、挑战……

想象一下：

你来到一扇门前，开门的是一个正在无限成长的心脏，上面印着"自尊"二字。进门后，你又看到硕大的大脑皮层悠闲地坐在沙发上晃着腿。你向书房走去，看到一个小人正在奋笔疾书，他的头上绑着"自律"的布条，在他对面的墙上贴着两个大字：挑战！

这个故事听起来很荒谬，但它恰恰利用了人们对新奇的、不同寻常的事物记忆比较深刻的规律，这就是奇特的联想法，也是"记忆宫殿"中最重要的一步。把要记的内容和你独属宫殿中的事物联系起来，是不是发现那些毫无联系的关键词瞬间就有了关系？

（3）反复练习。

建立联系后，剩下的就是反复练习，对新手而言，尤其要在想象中反复"参观"自己的"记忆宫殿"，并回忆内容，以免忘记。

4.2.3 用故事做引导

在演讲中，一个好的故事不仅可以传达出其他语言传递不出的情感，而且能让观众与演讲者产生共鸣。所以，在演讲中引用故事能让你的演讲效果得以大幅提升。

故事几乎可以贯穿在所有的演讲中。也就是说，演讲稿的开头、中间、结尾都可以引入故事。

1. 好故事五要素

好的故事需要具备以下五个要素。

- 有一个可以立住人设的主角。
- 有张力。
- 有适当的细节。
- 有令人满意的结局。
- 能给人以正能量的启发。

2. 演讲常用的七类故事

在演讲过程中，我们有时会遇到这种情况：马上就要演讲了，总觉得演讲稿还缺点什么。针对这种情况，我们不如在演讲稿中加几个小故事。下面介绍七类故事，希望你可从中获取灵感。

（1）自己的故事。

挖一挖你过去的经历，那些你曾亲眼看到、亲耳听到、亲身经历过的故事，把它们讲出来，会让你的演讲更加"有血有肉"，更有你自己的特点。

这样的故事别人无法复制，这类故事如果很精彩，就很容易成为演讲的亮点。

（2）身边的故事。

想象身边的朋友、同事、亲戚等，有没有符合你演讲主题的故事，若有，则找出一两个用于演讲。

需要注意的是，想要成为演讲高手，就必须建立自己的故事集，把亲戚、朋友等有用的故事都搜集成册，以便随时翻阅。

（3）名人故事。

在演讲中，可以讲当今比较知名的人的故事，如俞敏洪、乔布斯、马斯克等的故事，也可以讲一些历史伟人的故事，如毛主席、周总理等。

（4）寓言故事。

寓言故事如《龟兔赛跑》《乌鸦喝水》《狼来了》等。我在线下课中就很喜欢讲《小马过河》的故事，小小故事，大大启发。

（5）能引起共鸣的故事。

讲一些容易让观众产生共鸣、调动观众情绪的故事，如创业、儿童教育、健康、亲情等。

（6）知名企业的故事。

可以加入一些知名企业一波三折的故事，比如：海尔砸冰箱、奥康烧皮鞋等。

（7）令人感动的故事。

演讲者在讲令人感动的故事时，需要把握一个度，若过分让观众感动，反而会让他们产生不适。因此，建议在演讲舞台上只讲那些感动过自己的故事。

4.2.4 场景型走动

演讲者在台上演讲时，不能只站着，否则整个氛围会显得很压抑，会给观众留下不好的印象。好的演讲者都会适当地在台上走动，并且能根据演讲内容选择不同的走动方式，我们可以把它称为"场景型走动"。

"场景型走动"常用的走姿有如下几种。

1. 闲庭信步

这种走姿一般适用于演讲者在讲故事时。好故事通常有五个环节：开头、铺垫、发展、高潮、结局。当给故事做铺垫时，闲庭信步的走姿结合慢条斯理的语调，很容易把观众带入所叙述的故事中。

演讲者可以从舞台的左边慢慢地走向舞台的右边，或者从舞台的右边慢慢地走向舞台的左边。比起标准的走姿来说，这种走姿的步速要慢一些，双臂摆动的幅度也要小一些。

2. 来回健步

相比于"闲庭信步"的走姿，来回健步就会快一些。演讲者可以在舞台中心或演讲桌旁来回走动，走动的距离不要太长，可以加快步速，加大频次。

这种走姿是演讲者为了制造悬念而运用的。它既可以运用于演讲者讲故事的发展阶段，目的是调动观众的情绪，让观众突然觉得紧张起来了，也可以运用于演讲者向台下观众提问的环节。

3. 戛然止步

戛然止步就是演讲者在舞台上走着走着就突然停了下来。这种走姿一般应用于紧要关头的场景。比如，当故事讲到高潮时，演讲者就可以停住脚步，提高声音，然后讲述故事的结局，目的就是给观众一个意外、惊讶的结局。

另外，演讲者也可以向观众提出一个问题后，在观众等待答案的过程中突然停下脚步，再说出答案，这样就能引起观众对这个问题的注意。

我们只有将动态的走姿与演讲相结合，才能给观众在视听上带来比较好的体验。

4.2.5 将小标题编成诗

在演讲过程中，小标题的使用不仅能让演讲者有效地把控全局，还能使演讲的条理清晰、重点突出，方便演讲者记忆。另外，好的小标题还能帮助观众把握住演讲的要点，方便他们理解和接受演讲的内容。因此，在梳理演讲稿时，别忘了为每一部分内容提炼一个小标题。

在提炼小标题时，建议演讲者尽量将小标题变成诗词或金句。一是因为这类句子对仗工整，容易引起观众注意；二是这类句子的意思通常简洁、感染力强，更有利于演讲者表情达意。

比如，在准备以"劝年轻人多读书"为主题的演讲时，小标题可以列为："书犹药也，善读之可以医愚。""黑发不知勤学早，白首方悔读书迟。""读书谓已多，抚事知不足。"等分别层层推进，写一篇有理有据的演讲稿。

总的来说，演讲者想在演讲台上出口成章，就必须掌握一些小技巧。绘制思维导图、建立"记忆宫殿"、用故事做引导等都是不错的选择，现在就动手试一下吧。

4.3 上台演讲前做好身心放松

演讲是一项需要演讲者高度专注的活动，演讲者如果没有好的体力，忘词等情况就会频繁发生。所以，演讲者在演讲前一晚如何规划自己的时间至关重要。下面介绍几种放松身心的方式。

4.3.1 洗热水澡

1. 放松身心

你是否有过这样的经历：忙碌了一天后，回到家里累到快虚脱，你坚持着走进浴室，洗了热水澡，很快有一种轻松、舒服的感觉。

这并非错觉，而是热水产生的蒸汽会促使人的身体释放荷尔蒙（如醛固酮激素），它可以帮助人们降低高血压。另外，洗热水澡还能减少皮质醇激素的分泌，帮助减轻压力。

很多专家都建议睡眠不好的人睡前洗个热水澡。这样不仅能让身体得到放松，还会激活人体的副交感神经系统，帮助调节人的情绪，改善睡眠状态。

2. 切换思维模式

我之所以强调洗热水澡的重要性，是因为洗热水澡能帮助我们切换思维模式。

在前期的准备工作中，无论是写演讲稿、修改稿件，还是绘制思维导图，启动的都是大脑的专注模式。大脑处于专注模式时，其主要活动的区域在前额叶皮层，也就是负责逻辑思考和推理的地方。

虽然大脑的专注模式能让我们高效地完成工作，但它也有不足：一旦大脑在专注模式下遇到困难，思维被"卡"住，继续专注只会"卡"得更严重，难题越不容易解出来。此时聪明的人通常会选择放松一下，出去走走或做其他事情。

大脑的另一种思维模式是发散模式。当大脑处于发散模式时，脑成像显示，没有哪一个脑区特别活跃，它"弥散"在人的整个大脑中。所以，在这种模式下不利于理解复杂的问题，但它会使神经元中的连接更多元。

相传古希腊国王让工匠做了一顶样式很好看的金王冠，但国王起了疑心，怀疑工匠对金王冠掺了假。于是，命令阿基米德在不损坏王冠的情况下，查明王冠是否被掺入了其他金属。

阿基米德苦苦寻求，也没找到解决办法，思考累了，他便决定去洗澡，放松一下。他躺在浴盆里，闭着眼睛，听着水声，好不惬意。在舒适的宁静中，他听到了哗哗的水声，睁开眼一看，发现浴盆里的水已经满到了盆口，正往外溢。阿基米德慌忙起身，发现水面又降低了。那一刻灵光乍现，一个极其重要的科学原理出现在了他的脑中——浮力定律。

这次洗澡让他发现：把物体浸到任何一种液体里，液体排开的体积等于物体进入的体积；物体所承受的浮力等于排出的液体重量。

阿基米德把与金王冠等重的金子和银子分别放在水中。金块排出的水最少，而银块排出的水最多，金王冠介于中间，这就证明了金王冠一定被掺杂了其他金属。

阿基米德就是利用发散思维模式，排除了身体内外的一切干扰，以前理不清的问题突然出现了答案。

演讲也是同样的道理，通过之前一系列紧张的准备，我们的大脑已经处于高度集中状态，此时若再将精力集中到与准备演讲相关的事宜，很容易让我们的大脑"宕机"，那么，洗个热水澡就是一个不错的选择。

4.3.2 挑选服装

你有没有属于自己的"战袍"？如果有，请拿出来；如果没有，那么请找一套你最喜欢且适合即将演讲的着装。例如，赵本山的"小品战袍"是破旧黑西装加破帽子，史玉柱上台演讲喜欢穿红色衣服，乔布斯喜欢穿高领黑色毛衣。我在线下课现场只穿黑皮鞋、黑西裤、无领带衬衫和西装外套，这样的"战袍"可以很好地增强演讲的仪式感，提升演讲者的自信。

1. 一条神奇的牛仔裤的故事

我特别喜欢的一部电影《牛仔裤的夏天》，讲述了四个阳光的姑娘逛街时无意中看到一条牛仔裤，虽然四个人的身材各异，但这条牛仔裤谁穿都好看，于是姑娘们一致认为：它是一条有魔力的裤子。假期里，一条牛仔裤和四个姑娘的故事就此展开。

腼腆保守、缺乏主动性的女主一，在这条牛仔裤的加持下，变得阳光、开朗，还认识了海边少年，收获了圆满的爱情。

热情洋溢、爱运动的女主二，曾经不敢向喜欢的人表白。相信牛仔裤能给自己带来好运的她，穿上牛仔裤勇敢追爱，最终也和喜欢的人在一起了。

父母离婚的女主三，无意中发现父亲有了新欢，大闹一场后，在姐妹的鼓励下主动与父亲进行电话沟通。在父亲的婚礼上，她穿着那条能给她力量的牛仔裤，父女二人从此和解。

……

虽然电影情节略有夸张，但它反映的道理非常朴实：有魔法的并不是牛仔裤，真正的魔法是每个姑娘对自己的自我暗示。

你若有这么一件能让人信心大增的"战袍"，一定也能让你的演讲大放光彩。

2. 积极暗示

下面先看一条信息：

> 1995年6月29日下午，韩国三丰百货大厦突然倒塌，废墟中超过千人被埋。这场造成501人丧生的灾难中，有27人在超越了"死亡极限"后还生，被称为"汉城奇迹"。
>
> 最令人惊讶的是，最后一名生还者获救时，她已在废墟中被埋了16天，在不吃不喝的情况下顽强地坚持到等来救援。
>
> 事后采访时，这位被埋了16天的生还者说："我有一个超

乎寻常的信念，就是我绝不能死，我还年轻，我热爱生命，我深知我的父母、家人、亲戚、朋友都渴望我能活。我也相信，我绝不会死，我深信营救人员一定在千方百计、竭尽全力地寻找。"正是这种积极暗示，让这位受困者活了下来，最终被获救。这个故事说明积极暗示能帮助人们战胜命运、创造奇迹，产生不可思议的力量。

人们每天都会不断地从自己或他人那里接受各种暗示，这种暗示有时会带来喜悦，给人以信心，有时也会让人郁闷，产生焦虑。

演讲前给自己准备一件"战袍"，带给我们更多的是积极暗示。因为你相信穿上它，会让自己"战无不胜"，气场大增；即便演讲出现状况，它的存在也会让你相信自己完全有能力控场。

现在就打开衣柜，找到那件最适合你演讲的"战袍"吧。

4.3.3 看新闻

洗完热水澡，也选好"战袍"后，如果你还在为演讲发愁，那么在时间允许的情况下，去看一会儿新闻吧。新闻中那些正在发生的事情，无论是好还是不好，都能增加我们对自己生活的感知能力。需要提醒的是，不建议在演讲前"刷"短视频。因为各短视频平台都是通过大数据将我们最感兴趣的内容推送过来的，这很容易成为"时间杀手"和"精力杀手"。

当然，看新闻时最好限定时间，如告诉自己只看 20 分钟的新闻。

4.3.4 听相声

如果看新闻还不能让紧张感消除,那么你不妨去找点"乐子",比如听一段相声,让自己放松一下。

人到夜晚时,负面情绪容易集中爆发,而相声、评书、雨声、水声,这些均匀、舒适的声音能使人集中注意力,更容易压制由于疲惫而带来的负面想法,在精神上达到一种"安静"的状态。

当你还在为即将到来的演讲而苦恼、感到压力巨大时,不妨去听听相声,说不定就会释放压力。

4.3.5 睡个好觉

睡眠就相当于身体和精神的恢复剂。经过一天忙碌的生活后,充足的睡眠能促进人体生长,恢复精神状态。对演讲者而言,睡个好觉能让演讲者以更加饱满的状态迎接第二天的活动。

第 2 篇　演讲实战篇

第 5 章

登台演讲,快速"破冰"

恭喜你！你已做好准备进入激动人心的时刻——登台演讲。

闯过了前面的种种关卡，相信此时的你既紧张，又憧憬，已经准备上台"大显身手"了，那就保持这种积极的心态，抬起头，挺起胸膛，去享受你的舞台吧！

大多数人上台演讲时都会紧张，但很多人并不知道此现象，总以为只有自己或很少一部分人上台演讲才紧张。

20世纪80年代，美国心理学家做过一项调查，向人们发了3000多张调查问卷，调查题目是：你最害怕的事情是什么？

结果显示，排在第一的就是当众演讲，就连死亡这么可怕的事也只能排第二。还有人去大学里做调研，结果显示，80%~90%的大学生认为当众演讲是一件非常恐怖的事。

紧张是很正常的一种情绪，即使是经验丰富的演讲者，也可能会在登台前感到不安。所以，在演讲时，我们要试着和紧张"和平共处"，化紧张为动力，赋能即将开始的演讲。

5.1 战胜恐惧

5.1.1 "高能量"姿势

克服恐惧最好的方式是正视它，并借助"高能量"姿势自我赋能，如挺起胸、抬起头等。演讲者也可以在演讲前站直身体，双臂向后拉伸，将肩胛骨收拢并向下沉，从而将胸部打开。做这个动作可以让自己感觉身体和精神状态瞬间充满能量，能让自己快速充满自信。

　　心理学研究者通过检测人体内的激素发现："高能量"姿势会激活人体内的荷尔蒙系统，增加人体的内分泌物质，如睾酮，从而提高人的情绪状态和幸福感。此外，"高能量"姿势也可以缓解紧张和焦虑心理，帮助人们更好地应对压力和挑战。

　　演讲对内是"自我"，对外是"他我"。如今的演讲早就不是单纯地靠外貌、气质影响他人，更多的是通过演讲者的状态对周围产生影响。

　　《倚天屠龙记》里的传说"武林至尊，宝刀屠龙，号令天下，莫敢不从"，用"高能量"姿势打动和影响他人的力度不亚于"屠龙刀"，却丝毫不野蛮和粗鲁，它以润物无声的方式传递你的思想、状态和观点，为你打开演讲局面。

　　下面介绍了几个最简单、易行的"高能量"姿势，演讲者在登台前可以花一分钟时间做一做。

- "奥巴马"式坐姿：双手枕在脑后，身体后仰，腿舒适地放在桌上。这种姿势有助于独自一人深度思考。
- "前倾"式站姿：指人呈站姿状态时身体前倾，双手撑在桌上，眼神直视众人。这种姿势适用于会议、演讲、谈判，以及说重要的内容时，能瞬间提升气场，吸引观众注意。
- "神奇女侠"式站姿：超级英雄的站姿，双手叉腰，腿分开，挺胸抬头。这种姿势能缓解人的紧张情绪，特别适合在重要的面试、考试前做，能快速提升自信心。

- "胜利者"式站姿：双手举过头呈"Y"字形，就像伸懒腰一样舒展身体。这种姿势适合在电梯、楼梯过道、办公室等任何地方做，能有效地减压。

5.1.2 充分了解自己的演讲风格

在演讲过程中，演讲者若要克服恐惧，需要对自己有充分的了解，原因如下。

第一，只有了解自己的优势，才能借此扬长，打造属于自己独特的演讲风格。

第二，只有深知自己的不足，才能借此避短，主动避开自己在演讲中可能存在的问题。

演讲者可以搜集不同性格观众的需求，借此完善演讲内容，做到有的放矢。

很多新手演讲者在开始阶段通常会背诵经典演讲，刻意去模仿优秀演讲家的语调、动作，这没有错，但需要提醒的是，我们不能总模仿，要形成自己的风格，别人的演讲风格也不一定适合自己。

聪明的演讲者首先要搞清楚自己的演讲风格，以及这种风格在演讲中的优势。然后把优势放大，最终形成自己的风格。

下面总结了四种不同的演讲风格。

（1）奔放型：乐于分享、富有激情、关注他人、讲故事的高手、喜欢调侃……

（2）严谨型：考虑周全、逻辑严谨、循规蹈矩、具有风险意识……

（3）结果型：直截了当、重视结果、重视效率、控场力强……

（4）和谐型：轻松随和、关注感受、心态平和、平易近人……

你可以根据以上演讲风格判断自己属于哪种类型，复盘在演讲过程中自己最擅长的是什么，在此基础上再来打造自己的演讲风格。

5.1.3 外在形象体现演讲风格

演讲者在整场演讲中，通常有 20% 是即兴发挥，80% 是有准备的。在这 80% 中，外在形象也起到了一定的作用，有些演讲者甚至会通过外在形象来体现演讲风格。

一般来说，外在形象有两种——亲善型和权威型。

1. 亲善型

如果你爱穿休闲的服饰，说话温柔，语速较慢，并且喜欢通过肢体语言表达，尤其喜欢通过眼神交流，那么你大概率适合定位成一个亲善型演讲者。观众会在你面前真切地感觉到被发现、被认同，这就是亲善起到的作用。

在现代社会中，朋友圈里受欢迎的大多数是亲善型的人。他们善于倾听，具有同理心，能感受情绪，而当代人最缺的就是被人接纳。

亲善型演讲者通常会真诚地表现出对他人认可和关心，哪怕只是第一次见面，观众也觉得他很亲切。现实生活中的你作为演讲者，如果没有响亮的头衔，也不善于给未来描绘蓝图，不妨试着多用亲善的演讲方式，换上暖色调的衣服，与观众互动时，用鼓励、温柔的眼神注视着他，你一定会收获一批又一批粉丝。

穿着建议：时尚休闲类，以舒服为主。

2. 权威型

如果你是一个办事雷厉风行、讲究效率的人，你大概率更适合权威型演讲。

当你需要对自身的专业和实力进行展示时，就需要使用这类演讲。在工作和生活中，我们可以通过四点来彰显权威——肢体语言、外在形象、头衔及他人的反应。

如果你想走专业的演讲路线，希望获得有挑战性的演讲机会，渴望在工作汇报、谈判中崭露头角，你就需要通过更干练、简洁的衣服、简短有力的语言来展示专业的一面。

穿着建议：职业套装、西服领带为主。

5.1.4 克服演讲时紧张的方法

下面分享一个克服演讲时紧张的方法：紧张 = 期望 / 准备。

在通常情况下，紧张程度与期望值成正比，与准备程度成反比。所以，你可以降低期望，做好充分准备。

如何降低期望呢？记住下面四句心理暗示语非常有用。

- 我过分在意自己一分一秒的表现，实际上，观众一点都不在意。
- 对于我要讲的内容，观众没有我专业。
- 一切都是最好的安排，一切都是美好的经历。
- 我上台不是来赢得认可的，而是来送礼物的。

比起降低期望，更重要的是加强准备。几乎所有糟糕的演讲都是因为演讲者准备不充分引起的。认认真真准备演讲内容，做到胸有成竹，你就会更放松。最重要的准备方法是，在登上演讲台之前，多做有挑战性的事，多走出心理舒适区，利用业余时间多上舞台锻炼自己，在舞台上可能很紧张、很有压力，但时间长了，自信心也会不断提升，同时，增加了很多经历和谈资，这才是从根本上解决紧张问题的方法。

5.1.5 去除非必要的口头禅

不少新手演讲者会习惯性地用"嗯""啊""然后""我们"等口头禅，这会让观众认为演讲者准备不充分，思维不连贯，最终给观众留下不好的印象。

下面总结了三条去除口头禅的方法。

1. 建立强大的心理素质

很多演讲者认为演讲时要一直说话、不冷场才是好的选择，所以当不少人头脑的反应速度跟不上说话的速度时，就会出现用

"嗯""啊""然后"这样的词汇来缓解尴尬的情况。与其说是口头禅，不如说演讲者想借此给自己一些思考时间。

出现这种情况时不必惊慌，要在心理上明白，停顿是正常的，不要因为紧张就想不停地讲话。

2. 采用复述的方式

很多演讲者也知道不能使用口头禅，但紧张时就控制不了自己。对于这种情况，唯一的办法就是勤加练习，通过强化练习来减少这种情况的发生。演讲者可以在排练时对着镜子讲给自己听，每当出现口头禅的时候就停下来，从头开始讲解，几次下来就可以有效地解决这个问题。

3. 录音重听的形式

演讲者在平常练习时，可以将自己演讲的声音录下来，并不断地听自己的录音，这样做的好处是可以跳出演讲者的思维，站在第三方的立场上重新审视自己的问题，从不同的立场发现演讲时注意不到的问题，比如，无意中出现的口头禅等。多听几遍，记住口头禅常出现的地方，刻意练习就能改善很多。在"坚持星球"，我带领大家克服口头禅时，会使用一种很特别的方法，就是有专人统计演讲者的口头禅及其出现的次数，每出现一次口头禅，该演讲者就必须发5元红包。这种办法非常有效，演讲者通常会碍于面子，也会心疼他的钱，所以会尽力避免这个问题。

最后，告诉你一个小秘诀，可以帮助你调整上场前的状态：在使用"高能量"姿势时，你也可以在心中默念："我是最棒的，这次的演讲我已经准备好了!"再给自己一次正向的鼓励,相信自信的人最美。

下一节将介绍演讲者如何在登台后快速破冰,快速与观众拉近距离。

5.2 快速"破冰"

俗话说"好的将军不打无准备的仗",演讲者也要有这样的心理准备,可以说讲台就是演讲者的战场。演讲时有一个"7秒原理",意思就是演讲者如果在前7秒钟吸引不了观众的注意力,观众就会放弃听你讲的内容,他们会选择干自己的事,比如看手机、聊天、走神……

所以,开场对于演讲者来说至关重要。如何才能牢牢抓住观众的好奇心?下面介绍14个能够与观众快速拉近距离的方法。

5.2.1 向观众提问

大部分人都有一个习惯:只要有人提出一个问题,他就会不自觉地跟着思考。这是因为,我们的大脑作为人体最复杂的器官,习惯潜意识地寻找答案的结果。比如,我现在问:你最喜欢的人是谁?你可能已经在不自觉地想答案了,对吧?

所以我会建议学员,在演讲时要通过向观众提问来引发他们思考，只要观众开始思考，他们的注意力就会被你吸引到演讲现场。当然，"破冰"的问题不是随便提的，你需要提一个与演讲主题相关的问题，引导观众往某个方向思考。比如：想要夫妻关系变得更和谐的请举手？

5.2.2 一对一采访

如果你的演讲对象中大部分是年轻人，在演讲开始时，又需要迅速"暖场"，那么你可以将话筒递给观众进行一对一采访，问他"是不是一个人来的？""大学读的什么专业？""是不是本地人？"

通过一对一采访，可以拉近与观众的距离，从而给人一种"平易近人"的感觉，这样观众会更愿意听下去。

5.2.3 派发福利

演讲者在现场适时地给观众送点福利，能拉近演讲者与观众之间的距离。例如，我们在看一些综艺节目时，常常能看到主持人或者嘉宾"送福利"，有时发糖果，有时发文化衫，每到此时，你会发现观众都很积极，他们会高高举起双手，甚至跳起来去接礼品。

在我的课程现场，我会送出线上课和电子书，每次送礼物的时候，现场氛围都特别好。

动态的场景能快速让现场气氛活跃起来。在一些不是很严肃的演讲场合，可以选择派发小礼品，快速让现场"暖"起来。如果准备的小礼品包装上有你个人或者公司的 Logo，那么还能提升品牌影响力。

5.2.4 善用企业文化

在企业做演讲时，企业的 Logo、文化、口号是最好的"破冰"话题，这些信息带来的归属感很容易让观众产生共鸣。比如：

坚持星球，彼此加油，龙兄演说，响彻全球；

让天下没有难做的生意；

利用这种集体宣言，观众就会快速进入状态，从而明晰了这次来听演讲的目的，办会者对演讲的效果也会更加满意。

5.2.5 巧用地域特色

如果来听演讲的本地人居多，那么演讲者不妨聊聊当地的风土人情，以此拉近与观众的距离。

聊聊当地的特色小吃、早茶等，做一个有好奇心的人；聊聊当地的历史发展、城市变迁，让观众做一回导游；聊聊当地的地标式建筑，如东方明珠、故宫、黄鹤楼、滕王阁、岳阳楼；还有当地的方言。比如，我到了广东，就会讲"猴赛雷"，到了天津就讲"介到底系嘛儿"……

5.2.6 利用观众共性

大家都知道"物以类聚，人以群分"，当演讲的对象来自同一企业或者行业时，你会惊奇地发现"共性"是很有意思的一件事。

销售行业的员工大多性格外向、开朗，一些小小的活动就能让他们的活动现场热闹起来。

医生、技术人员、公务员的性格大多拘谨，通常需要一段时间才能让他们融入，还需要用一些小故事、小案例来拉近和他们的关系。

金融行业的从业人员更喜欢"新知"，因此可以用一些"信息差"来打开场面，用"新知"建立自己的"威信"——专业度，能更快地得到观众的认可。

把这些共性提炼出来，用在演讲开场，相信观众会感觉到自己和演讲者之间有共同语言。

5.2.7 借用他人分享的内容

一场活动有时会有多名演讲者，若前面的演讲者已经分享过精彩内容，你作为后面的演讲者，就可以利用"现挂"方式聊聊前一个演讲者分享的内容，起到承上启下的作用。这样既体现了你是一位善于倾听的演讲者，也为后面你的演讲做缓冲。借题发挥，它山之石，可以攻玉。

我在担任国际演讲会大区区长期间，有一次全国峰会在天津举办，在开幕式上，我做开场主题演讲，给现场500位观众讲了一个单词"Perfect"（完美），调侃天津人发音是"破儿fect"，在接下来的全国演讲比赛中，第一位选手就开始用这个故事进行"现挂"，说有一天她照镜子，发现镜子中的自己简直是"破儿fect",结果引来了全场观众爆笑。

5.2.8 使用特殊数字

当你看到 5 月 20 日、9 月 10 日、3 月 8 日这些日期的时候,你的脑海里会闪现出什么特殊的含义吗?相信很多人都知道这些日期的含义。

值得纪念的日子或特殊的日期天生都自带"光环"。聪明的演讲者在这些特殊的日子里都会对在场的观众道一声"节日快乐",以体现对他人的关注。

在演讲过程中,如果需要举例,演讲者也可以适当地加入一些数字来吸引观众。例如,9961,看到这些数字你会想到什么?联想一下,演讲时你就可以用"启发式提问",帮助观众理解这串数字,吸引观众注意。

说明一下,"9961"是一种联想代指,这是目前乡村的现状——空巢老人与留守儿童。"99"指年迈的老人,"61"指儿童。你看,这种方式既可以观众学到新知识,又可以快速吸引观众注意,效果很明显。

5.2.9 借助新闻热点

对于一场好的演讲,演讲者要学会借势,打开沟通的"话匣子"。热点话题往往能激发观众的好奇心。"大事小事,事事关心"是网民的日常,不妨用民生、经济、文化,以及社会领域的新闻热点作为引子,现场一定会因为一个共同话题而热闹起来。

不管是演讲还是录制短视频，我们都要学会"蹭热点"，每天关注微博、抖音等平台的热搜榜，就会及时了解到前沿信息。

5.2.10 重提会议主题

在演讲时，如何做到不跑题，并且迅速进入状态呢？答案是利用"主题法"。

假如你在演讲开始时不会提问，也不会讲故事，更没有物品可展示，就可以开门见山地告诉观众今天演讲的时长、主题、核心观点，以及观众能有哪些收获，这样他如果感兴趣，就会继续听下去。

比如，在演讲开始时可以这么说：接下来我用 30 分钟时间，重点分享公司未来 5 年的发展战略，分别是人才战略、产品战略、营销战略。相信大家听完后，对公司的未来一定会更有信心。

5.2.11 使用背景音乐

背景音乐通常会给整场演讲定下基调，如果演讲者实在找不到"破冰"的话题，则可以聊聊背景音乐。比如，你可以问观众"这首歌好听吧？"接着聊聊你的歌单，说说为何选择这首音乐作为开场的背景音乐，间奏、离场音乐又是如何选择的，拉家常似的对话通常能快速拉近演讲者与观众的距离。

5.2.12 顺手使用道具

"君子生非异也，善假于物也。"这句话强调的是，通过合理运用周围的环境和资源，君子能够实现自己的目标和理想。

同样，我们在演讲过程中如果善于利用道具，那么也会为你的演讲加分。这个道具可以是 PPT 中的一张图片或一个短视频，也可以是你手里拿的一部手机、一本宣传册等不同物品。只要你说"请大家看一下这是什么？"观众就会抬头，只要他抬头看了，注意力就很有可能被你吸引过来。

我曾在现场观看过一位世界冠军的演讲，当时他在演讲台上放了一张桌子，桌子上有一个盆，盆里放着海绵和水，他一边把海绵往水里浸泡，一边演讲，主题是关于"人要像海绵一样不断汲取能量，让自己越来越有力量。"这场演讲过去快 10 年了，但那个画面至今让我记忆犹新。

5.2.13 利用会场环境

会场里的环境是温馨、舒适，还是充满了生机与活力？有没有茶歇、展板或者"高大上"的布置？有没有花香？甚至人们的穿着和表情都可以成为你演讲的"谈资"。

通常，我的课程现场布置会花很多心思，演讲台的设计也让我与现场学员有了很好的互动感。记得有一次，在北京的课程现场发生了意外，事情是这样的：8 月的"三伏天"，室外酷暑难耐，然而酒店空调出故障了，当时的解决方案是运来一车大冰块，放在室内各处为现场降温。我调侃道："咱们太厉害了，这可是当年皇帝避暑降温的方式。"现场学员通过笑声告诉我，他们接受了这个突发环境的变化。

5.2.14 "拉家常"式的互动

如果没道具,并且演讲主题也不适合与现场产生联系,那么就可以问观众"你是怎么来的""路上有没有遇到什么人""有没有堵车""遇到了什么有意义的事"等,与观众拉拉家常,也会让你的"人设"更接地气。

我在早期做企业内训时,由于会场比较小,所以在培训开始前,我就与早来的学员进行"拉家常"式的互动,迅速拉近了我与学员的距离,为开场做了很好的铺垫。

5.3 肢体语言和演讲节奏

学习完上面的内容后,相信此时你一定踌躇满志、信心满满,那就保持这种激昂的姿态,进入"登台演讲"这一关。优秀的演讲者各有各的风格,各有各的精彩时刻。作为新手演讲者,你如何才能让自己的演讲高潮迭起,吸引观众呢?这就需要你在演讲的同时,能精准地用一些特别的演讲语言作为辅助。

通常来说,我们会把演讲语言分为口头语言和肢体语言。

- 口头语言,顾名思义,就是我们生活中所说的口语。
- 肢体语言是我们在演讲时所展现出来的表情、眼神、身体姿势等。

古往今来，几乎所有著名的演讲家都非常注重肢体语言的展示。我国著名的教育家陶行知先生就说过这样一句话："演讲如能使聋子看得懂，则演讲之技精矣"。

演讲＝演＋讲，讲的重点是内容，而演的重点就是肢体语言。运用好肢体语言，不仅能够让观众更准确地了解演讲的信息，还能让演讲者的个人魅力得到充分展现。

5.3.1 眼神

我们都知道"眼睛是心灵的窗户"。最生动的面部表情莫过于眼神，演讲者的眼神在演讲过程中起着举足轻重的作用。作为演讲者，你需要目视观众，眼神要做到不呆滞，也不要左右躲闪，要让观众感到亲切、自然。

1. 微笑的目光

如何快速地拉近与观众的心理距离？毋庸置疑，一位眉眼弯弯、充满笑意的演讲者会比一位板着脸、不苟言笑的演讲者更容易被观众所接受。

微笑是世界上最美丽的语言，它是拉近人们心理距离的最佳方式。在开场的时候，演讲者不妨微笑着跟观众打个招呼，以获取观众的信任。当然，如果你不习惯或不擅长这样的方式，就不要勉强假笑了，只有真诚的微笑才能打动人心。

2. 眼神交流

在演讲过程中，你需要注意的是保持和观众的眼神交流。通过眼神交流，你不仅可以获取观众对你演讲的信息反馈，还可以建立与观众的心灵沟通。

需要注意的是，在演讲过程中，演讲者要避免全程只看演讲稿，要尽可能将眼神投向观众。在看向观众时，演讲者不应只盯着某几排或某几个观众，应该尽可能地扫视全场，让全场观众感觉到自己被重视。

下面提供三种眼神训练法。

- 点视法：在讲到重要内容时，演讲者的目光要注视某一位观众至少五秒钟，与之进行眼神交流。
- 扫视法：用视线从左到右或从前到后慢慢移动，扫视全场的观众，观察他们的反应。
- 虚视法：眼神不集中在某一点上，而是"视而不见"，把视线散在观众的中部和后部。

3. 控制眼神

一场演讲不可避免地会涉及观众提问和交流的环节，这时演讲者应该如何控制眼神呢？

在提问环节，当观众开始提问时，演讲者就应看着对方的眼睛，以示尊重，但也不要一直盯着，否则会让人感到尴尬。在听观众提问的过程中，演讲者可以适当移开眼神，观察其他观众的反应，为回复做准备。

5.3.2 手势

演讲者的手势在演讲过程中也是不可缺少的。手势的使用应与演讲的内容、情感相符,适度地对演讲内容进行引导、补充。完全不使用手势可能会使演讲者显得过于局促、僵硬,但滥用手势也可能会造成观众的注意力分散,甚至引起反感。所以,演讲者在使用手势时,要注意以适度、自然、大方、准确为原则。

需要提醒的是,若你面对的观众较多,可能需要幅度更大的手势来引导观众;若观众较少,则以小幅度的自然手势为宜。

在演讲时一般可以采取什么手势呢?在演讲过程中,最简单的是将双手自然垂在身体两侧,也可以握拳放在腰间。注意,尽量不要将双手置于口袋内或背在身后。除此以外,还可以用以下几种手势来丰富表现形式,为演讲加分。

1. 指示手势

这种手势主要用于指示具体事物,通常分为实指和虚指两类。"你们""左边""右边"等属于实指,而"在很久很久以前"等则属于虚指。

2. 模拟手势

这种手势主要用来描述物体的大致形态,要求达到神似的效果即可。例如,讲到地球的时候,双手合抱,虚构出一个地球的形状;讲到水流的时候,用手轻轻摆动来模拟流水的形态。

3. 情感手势

这种手势在演讲中比较受欢迎,运用频率也是最高的。例如,竖大拇指表示赞叹,拍手表示高兴,握拳表示力量等,这是一种感情色彩很浓的手势。

还有不少手势也是在演讲中常用的，如食指式、大仰手式、小仰手式、握拳式、数字式等。需要特别注意的是，当进行跨国、跨地区的演讲时，演讲者要了解手势在不同地区的含义，建议提前查阅资料，做好功课，避免因演讲手势使用不当而引起麻烦。

5.3.3 身体姿势

除了眼神、手势，演讲者的身体姿势同样非常重要。在演讲时，无论采取什么样的姿势，演讲者都要注意，其身体姿势应该向观众呈现出自信、坚定、稳重、大方、自然的一面。"站如松，坐如钟"，这就要求演讲者审视自己的身体姿势，既要体现出对观众的尊重，也要对一些不雅的动作进行纠正。

1. 站姿

演讲者在站立的时候，要站直站稳，不要来回晃动，否则容易让观众看出你紧张、局促或心神不宁的状态。

2. 坐姿

有一些演讲者喜欢坐着演讲，因此选择一款合适的坐具，大方、得体地坐着，在轻松、愉悦的氛围中完成演讲，也不失为一种好的方式。

3. 走动

在演讲过程中，如果你喜欢在舞台上来回走动，就采用走动的方式，这也是我最推荐的演讲方式。但要注意，来回走动需要带有目的性，当你想要强调某一点就止步，沉稳地对着观众讲话，也可以通过站在舞台的不同位置来照顾不同方位的观众。

总之，演讲的肢体语言没有固定的规则，只要你能找到一种感觉自然、能让你充满自信的舞台模式，同时又不会影响你的思想表达就可以，切忌生搬硬套。

5.3.4 语速

语速的控制在很大程度上决定了演讲者的演讲风格。声音的变化可以在很大程度上影响观众的情绪，比起一成不变的声音，语速的快慢和语调的轻重能够承载更多和更有用的信息。

在演讲过程中，演讲者要尽可能地控制好语速，在该快的时候就快，在该慢的时候就慢，抑扬顿挫，这样才能形成悦耳动听的语言，否则演讲就会变得沉闷无趣、寡淡无聊。

1. 语速减慢

语速减慢的目的是让观众更好地了解信息，感受演讲者的情绪。比如：需要强调极为严肃或克制的情感，以及带有疑问的数据、人名、地名等重要知识点，或介绍重要概念，或解释复杂理论时，都需要放慢速度，以便观众能正确地接受信息。

2. 语速加快

语速加快的目的是避免在不重要的信息上浪费过多的时间，将情节或情绪推向高潮。

比如：任何人都知道的事情，不太重要的事情，或谈及趣事逸闻时，又或进入比较轻松的话题时，都可以适当加快语速。

5.3.5 节奏

演讲的节奏通常会影响观众对整场演讲的感受。因此,演讲者需要根据自己的演讲主题和内容来把握演讲节奏,做到感情起伏变化、语调抑扬顿挫,形成有秩序、有节拍、有规律的演讲节奏。

下面介绍常见的五种演讲节奏类型,方便你根据实际情况进行选择。

1. 高亢型

这种节奏的音量一般较高、起伏较大、语调激扬,语势多为上行。常用于鼓动性强、庄严肃穆的演讲场合,或者重大事件的宣告,给人以威武、雄壮的感觉。

2. 低沉型

这种节奏一般声音低沉、语速偏慢、语气压抑,语势多为下行。常用于悲伤的演讲氛围,或慰问、怀念、哀悼等场合。

3. 凝重型

这种节奏一般句句有力,掷地有声,富有深意,引人深思,音调高低适中、语速中等,重点内容发言清晰沉稳。常用于发表议论或劝说、抒发感情等。

4. 轻快型

这种节奏比较常见,演讲者只需要保持放松的心态,声音响亮、语速自然、多扬少抑即可。一般的演讲、日常对话都可以采用这种类型的节奏。

5. 舒缓型

这种节奏侧重于稳重、舒展的表达方式，声音不高不低，语速从容淡定，没有过多的情感起伏，适合于说明性的、解释性的叙述或学术探讨场景。

5.3.6 停顿

在演讲时，演讲者适当地停顿，犹如音乐高潮处的 1 秒空拍，能让观众集中注意力。下面介绍的几种停顿方式可以增强观众的视听体验。

1. 语法停顿

在演讲时，演讲者可以根据语法规律来停顿。

句号、问号、感叹号停顿的时间稍长；逗号、顿号停顿的时间短；段落与段落之间的停顿更长。

2. 逻辑停顿

逻辑停顿是指在演讲时，若有我们想要突出的内容，就可以在重点内容前后适当停顿，并非一定要受制于标点符号的约束。

例如："世界上最快乐的事，莫过于为理想而奋斗。"在这句话中，我们想要强调"理想"这个词，就可以在"为"之后停顿，"而"之前停顿，这样才能凸显语言的力量。

3. 情感停顿

说话的声音是我们表达情感的一种形式，所以在表达情感的时候，演讲者也可以通过停顿来反映心理和情绪的变化，以此来达到渲染氛围、强调思想的目的。

例如:"请允许我们再道一声:'谢谢各位老师,辛苦了!祝你们一路顺风!'"我们就可以在"再道一声"之后停顿一下,这样后面的问候语和祝福语就会显得更加诚挚,可以将演讲的情感推向高潮。

4. 回味式的停顿

演讲者在演讲中提出一个问题后,不妨稍作停顿,让观众进行几秒钟的思考。

例如:"各位朋友,你们是否也会经常思考一个问题,人生的意义是什么?如果让我来回答,我的答案是找到自己。"在演讲时,在"人生的意义是什么?"之后做一个较大的停顿,然后说出自己的回答。这样的停顿能引起观众重视,也可以更好地调动观众的情绪。

停顿是演讲中必不可少的技巧和方法。掌握好停顿的方法,就能对整场演讲起到良好的控场效果。

读到这里,你是否对登台更加有信心了呢?

这里再介绍一个小秘诀,一个可以帮你快速调整口头语言和肢体语言的方法,你可以邀请自己的朋友或家人作为观众进行一场演练,让他们给你一些反馈;或者,你对着镜头讲,全程录制视频后再回看,也会发现一些问题,根据这些问题再调整。

第 6 章

做好结尾，得体退场

解锁了前面的各种关卡后,我们终于迎来了"演讲"的最后一关——谢幕,也即退场。

好的演讲就像一部精彩的电影,剧情开始时牢牢抓住观众的注意力;故事发展环环相扣;结尾耐人寻味。这三部分缺一不可。

心理学家丹尼尔·卡尼曼曾提出过一个著名的"峰终定律",他发现:影响人们体验、记忆的两个决定性要素是高峰时刻(无论是正向还是负向)和结束时刻。这个定律同样适用于演讲,若你的演讲能在高潮和结尾处让观众保持愉悦的体验,整个演讲的评价就不会差。

因此,我们不仅要注重演讲的高潮部分,演讲结束时的谢幕同样重要。

6.1 演讲结尾的三要素

若要写好谢幕词,就必须知道谢幕时要做什么。我通过辅导学员发现,很多人的演讲都是"虎头蛇尾",这并不是他们演讲能力有问题,而是他们不知道谢幕到底该说什么。

下面总结了完美演讲的结尾要包含的三个要素:回顾要点、感谢观众、结束语。

1. 回顾要点

脑科学将记忆分为"短期记忆"和"长期记忆",观众在听演讲内容时，绝大多数时间调用的是"短期记忆"。然而"短期记忆"的信息容量有限，超过其记忆容量和时间后，多余的记忆就会被剔除。

一场演讲少则一分钟，多则数小时，其中涉及的内容往往会超出人们短期记忆的阈值。为了让观众加深对演讲的记忆，你需要在结尾时回顾此次演讲的要点，明明白白地告诉观众：这次演讲主要讲了什么。

最好能分条列举，并且条数不要超过三条，内容要经过精心提炼。比如：

> 今天这场演讲主要讲的是如何提高自尊。首先，我们从心理学实验入手，介绍了整个自尊体系；接着，通过身边人的示例分别介绍了高自尊水平和低自尊水平的孩子将来会面临什么问题；最后，通过各类专业的科学实验告诉大家，如何提高一个人的自尊水平。

通过简单地回顾要点，可以帮助观众对演讲内容进行梳理、理解和记忆。同时，间接地告诉观众，本次演讲即将结束。

2. 感谢观众

不少人的演讲稿在结束时，只是简单地说"以上就是我的全部内容，今天的演讲到此为止"。这种结束语虽然言简意赅，但我不推荐，原因如下：

- 无法体现出演讲者优秀的素养。
- 演讲的本质是一场互动，若没有观众参与互动，就不能算一场完整的演讲。

划重点：无论演讲精彩与否、掌声是否激烈，最后一定要感谢观众。你可以感谢演讲的主办方、活动的组织者、工作人员，以及现场观众。当然，感谢的长度也需要根据场合而定，一般而言，感谢词的长短与演讲的正式程度息息相关。

建议：正式场合的感谢词可以稍微长一些，非正式场合的感谢词短小、精悍则更佳。

3. 结束语

结束语部分的作用可以是号召、抒情、警示，这需要根据具体的演讲主题确定。在演讲即将结束时，建议演讲者根据演讲的内容，灵活使用结束语，以增强演讲的感染力。

具体完成的方式多种多样，但要遵循一个原则：结尾要揭示主题，加深观众的印象，让人眼前一亮。

6.2 三种常见的错误结尾方式

在演讲时，新手演讲者通常较为紧张，但到谢幕环节，又会放松警惕，忽略了谢幕环节的重要性，从而影响整场演讲效果。下面总结了新手演讲者常犯的三种错误的结尾方式，希望你在演讲时不要犯类似的错误。

1. 结尾突兀

很多人常用"感谢收听"作为演讲结束语，殊不知，这样的结尾会让观众感觉很突兀。因此,当你要准备结束演讲时,一定要给观众留下足够的缓冲时间,让他们有时间去回味演讲的具体内容,而不是突然告诉他们演讲结束。

2. 插入大量广告

在演讲时要尽量避免夹带"私货",出现大量广告的演讲会引起观众的抵触心理。不管你讲得多么精彩,大量的广告都会破坏整个演讲氛围。

因此,演讲结束时尽量不要夹带"私货",与招商和销讲相关的演讲除外。

3. 拖拉冗长

有些演讲者在演讲时会控制不住自己的表达欲,热衷于在结束时补充强调,经常会出现"最后再补充一下""我再补充三点"等情况,稍微把控不好,十分钟、二十分钟,甚至半小时就过去了。殊不知,当已经提过"演讲结束"后,大部分观众就会"关闭"自己的听觉输入系统,喋喋不休地补充只会让观众产生抵触心理,并不能起到提示补充的作用。

6.3 六种优秀的结尾方式

关于如何谢幕,你很可能会问:如何结尾才能产生余音绕梁的效果呢?下面分享六种优秀的结尾方式,如图 6-1 所示。

六种优秀的结尾方式（承诺式、排比式、问题式、故事式、幽默式、呼应式）

图 6-1

1. 排比式

想在演讲结束时再次强调观点，重复核心信息、突出价值主张，可以采用排比式结尾。

亚马逊创始人杰夫·贝索斯在 2010 年的一次演讲中就用到了这种结尾方式：

> 你们会如何运用自己的天赋？会做出怎样的抉择？是被惯性所引导，还是追随自己内心的热情？会墨守成规，还是勇于创新？会屈从于批评，还是会坚守信念？会掩饰错误，还是会坦诚道歉？最后，你们要不计一切代价地展示聪明，还是选择善良？

排比句不仅增强了整个演讲的气势，还突出了演讲的节奏，瞬间就能将演讲推向高潮。

我曾经在一次演讲中是这么用排比句结尾的：

> 不是因为好人就会讲好话，而是好话讲得多了，就成了好人。不是因为好人就会做好事，而是好事做得多了，就成了好人。不是因为好人就会很幸福，而是幸福感受多了，就成了好人。好人，是讲好话、做好事和感

受幸福的人。以上，跟大家共勉。

2. 承诺式

承诺式结尾常用于企业演讲。顾名思义，承诺就是以为客户服务的承诺、公司信念的承诺为核心，传递给观众一种态度，从而消除观众（可以是员工或顾客）与企业、公司之间的隔阂。当观众对企业有了一定的信任后，自然就更加愿意追随这个企业。

SpaceX 创始人埃隆·马斯克在运载火箭发射失败后做过一次演讲，那时公司的情况非常糟糕，公司资金链岌岌可危，发射失败很有可能意味着解散团队、公司破产。也就是在那时，马斯克站出来说："就我而言，我永不放弃，永不！"

正是这一次演讲，让他的 SpaceX 团队重拾信心，最终，他们创造了奇迹。

如果你是在公司或企业中演讲，或是为了说服合作方，这种承诺式的结尾特别合适。

3. 故事式

故事式结尾通常需要用一个能发人深省的故事，以呼应演讲主题，起到升华主题的作用。

爱听故事是人类的天性，以一个生动有趣、哲理性强的故事结束演讲，不仅能抓住观众的注意力，还能让观众以更轻松的方式记住演讲内容。

例如，一篇以"专注"为主题的演讲，演讲者可以用下面这个故事结束演讲。

> 有个小和尚问老和尚："师父,您得道之前做什么？"

老和尚:"砍柴,担水,做饭。"

小和尚:"那您得道之后呢?"

老和尚:"砍柴,担水,做饭。"

小和尚:"那何谓得道?"

老和尚:"得道之前,砍柴时惦念着挑水,挑水时惦念着做饭;得道之后,砍柴就是砍柴,担水就是担水,做饭就是做饭。"

小和尚恍然大悟,在我们的成长中,吸引我们注意力的东西有很多,但唯有专注才能致远。

小提示

故事式结尾需要注意以下四点。

- 所选故事要与主题吻合。
- 故事最好是原创或大部分观众没听过的。
- 故事不能太长。
- 尽量选择赋能、励志型的故事。

4. 幽默式

通常,幽默的人都很受欢迎。幽默式结尾是所有方式中最容易被观众接受的。演讲者若能在结尾灵活地运用幽默的方式收尾,不仅可以增加演讲的快乐气氛,还能给观众留下好的印象,起到画龙点睛的作用。我们来看看下面这个故事。

1936 年,《纽约时报》和美国书籍出版者协会共同举办了第一届全美书展。他们邀请林语堂去做演讲。

林语堂上台后，先不说话，四下打量，气势一下就出来了。接着，他不慌不忙地讲起中国人的人生哲学和生活态度。全程没拿演讲稿，纯正的发音、临场发挥式的语句、地道的表达技巧、机智俏皮的口吻，赢得了台下阵阵掌声。

然而在演讲结束时，他却突然收起话匣子，说了句："中国哲人的作风是有话就说，说完就走"，随即挥一挥衣袖，背手踱步离开了舞台。台下的观众面面相觑，一时没回过神来。等他走后，观众才爆发出热烈的笑声和掌声。

林语堂这次演讲结束得干脆利落，极具幽默感，让观众大呼意外，又能产生意犹未尽之感。

幽默的结尾并非一定要笑而不止，或者大笑不停。只要能在一定程度缓解观众的精神疲劳，让人受到鼓舞，就能使演讲熠熠生辉。

5. 呼应式

呼应式其实就是首尾呼应，这种方式前有伏笔，后有照应，可以使内容更完整，结构更紧凑。

比如，在演讲开始时，你可以问"你们有梦想吗？"后面的内容讲自己曾经没有梦想时浑浑噩噩的样子，以及开始设定目标后自己的改变，结尾时，你可以升华主题，首尾呼应，问自己"我有梦想吗？"然后把升华后的梦想大声讲出来，可以连续讲三遍，声音一遍比一遍大，开头的问题和结尾的答案相互呼应，效果会非常好。

6. 问题式

在演讲结束时，演讲者还可以通过提问的形式来收尾，给观众留下悬念。演讲者可以提出一个能让观众深入思考、发人深省的问题，也可以搜集台下观众的问题并回答。

提示一下：要提前准备卡片纸，方便搜集观众的问题。尽量选择那些能起到画龙点睛、加深印象的问题回答。

6.4 结尾常用金句

下面总结了演讲结尾时可以用到的一些金句，涉及常用演讲主题，如人生选择、个人认知、追逐梦想等。

- 新的时代，蕴育新的希望；新的一年，吹响新的号角，我们一起，加油。（使命）
- 生活告诉我们，不是每个故事都是童话，不是每个故事都以幸福结尾。（幸福）
- 风劲潮涌，自当扬帆破浪；任重道远，更需策马加鞭。（奋斗）
- 不忘初心，鞭策我们永不懈怠；牢记使命，激励我们一往无前。（意志）

- 不怕艰难万险，就怕失去信心；不怕万人阻挡，就怕自己投降。（意志）

- 人生错过的总比没错过的多，每个人都有无数次的错过。所以我们不必为自己的错过而悲哀，应该为自己的拥有而喜悦。（人生）

- 没有蓝天的深邃，可以有白云的飘逸；没有大海的壮阔，可以有小溪的优雅；没有原野的芬芳，可以有小草的翠绿。生活中没有旁观者的席位，我们总可以找到自己的位置、自己的光源和自己的声音。（寻找自己）

- 青春，是三月争奇斗艳的花朵，是七月缤纷的太阳雨，是十月灼人的红叶。（青春）

- 起风的日子学会随风起舞，下雨的时候学会为自己撑起一把伞，阳光时向着未来奔跑。生活有望穿秋水的期待，也会有意想不到的惊喜。不是每个幸福都有结尾，但每个开始都是幸福的机会。（幸福）

- 路虽远，行则将至；事虽难，做则必成。（行动）

- 悲观的人，先被自己打败，然后才被生活打败；乐观的人，先战胜自己，然后才战胜生活。悲观的人，所受的痛苦有限，前途也有限；乐观的人，所受的磨难无量，前途也无量。（乐观）

- 人生就像一场旅行，不必在乎目的地，在乎的是沿途的风景以及看风景的心情，让心灵去旅行！（感悟）

- 生活需要仪式感,就像平凡的日子需要一束光。(仪式感)
- 既然时间留不住,就多存些美好回忆。(回忆)
- 如果你不出去走走,你就会以为这就是世界。(认知)
- 梦想,并不奢侈,只要你勇敢地迈出第一步。(梦想)

第 7 章

轻松应对突发事件

英国演讲家贝尔·格里尔斯在《荒野求生》节目中曾说过，与其说恐惧来自"真的会发生"的事，不如说它们来自"也许"会发生的事。这是来自不确定性的恐惧。

演讲本身就是一个充满不确定性的挑战，它受多个因素影响，如：演讲者、观众、道具、环境、时间等，每个因素都存在不确定性。正是这些不确定性的出现，才让每一次的演讲都不同。因此，我们无法保证自己的演讲一定顺顺利利，所以无论哪场演讲，演讲者都要有应对突发事件的准备。

奥巴马曾在一次国事访问中为以色列的大学生做演讲。他在演讲的时候，突然有一名学生当场大声抗议，安全人员随即将这名学生带离会场，但引起的骚动让现场陷入了尴尬的境地。奥巴马这时说："事实上，这是我们事先安排的，这样才让我感觉像在美国一样"。现场哄堂大笑，奥巴马用随机应变的一句话化解了现场的尴尬。这种随机应变的幽默魅力赢得了民众的好感，为他的演讲增色不少。

对于有经验的演讲家来说，演讲过程中遇到的突发事件不胜枚举，每个人会有不同的应对方法。但对于新手演讲者来说，这可能会成为其演讲的"黑洞"。本章将介绍一些应急预案，即便是新手演讲者在演讲过程中遇到突发事件，也能轻松应对。

下面把一场演讲分成了演讲者、道具或设备、观众、时间四部分。当你学习完本章内容后，这四部分中任何一部分出现不确定性的因素时，你都可以快速找到解决方法。

7.1 演讲者

在第一次登台时，几乎每个演讲者都会感到紧张。例如，丘吉尔当年在演讲台上脸色发白，四肢颤抖，直到被轰下台去。他说很长一段时间，只要演讲，他就感觉胃里像放了一块冰。又如，林肯在早期走上演讲台时，恐惧得连一句话都说不出来。再如，美国的雄辩家查理斯初次登台时两条腿不停地颤抖，等等，类似的例子还有很多。

在之前的章节中，我们学会了从心态和技术上调整自己，但在演讲过程中总会有意外出现，例如，紧张得忘了词、想上厕所等，下面我们来看看如何应对这些意外。

7.1.1 因紧张而忘词

大脑一片空白的状态是很多演讲者在演讲过程中都经历过的事情：眼前只有人头攒动，灯光格外耀眼，停顿的每一秒钟都好像过了整个世纪那样漫长，人群中开始出现议论和骚动，而演讲者站在那里宛如雕像……

这种痛苦的经历早年间我也遇到过。大二暑假的时候，我去贵州遵义农村开展暑期社会实践活动，活动主题是新农村建设宣讲，新农村政策对我来说是全新的内容，当时我写了演讲稿，结果没时间背诵它，面对上百位村民，我在演讲台上无比紧张，讲得磕磕巴巴，甚至手脚发抖、大脑一片空白，当时真想找一个洞钻进去。

避免这种尴尬的最好办法就是，在演讲初期，先讲让自己感到舒服的内容，比如，真实的故事，这对于培养自信心至关重要；如果要写逐字稿，必须花大量时间做准备，做到演讲时观众看不出任何背诵的痕迹，否则就不要写逐字稿，整理好关键字和关键句即可。

如果还是因紧张导致忘词，那就真诚面对，你可以说："今天看到这么多热情的小伙伴到场，我特别激动，我这人一激动，大脑就容易'宕机'。请大家给我一点儿掌声，帮我的大脑重启一下。"

7.1.2 上台时摔倒

当着众人出丑是很多人过不去的坎。演讲者上台时摔倒虽然不多见，但也是演讲过程中可能会发生的意外情况，主要是摔倒后带来的尴尬很容易让演讲者不知所措，从而引起情绪不稳定。

我曾经看到过一位女士在演讲时不小心将茶杯打翻在地上，她当时就愣在那里，很久都没回过神来，服务人员赶紧上台处理，而她嘴里不停地说："对不起，对不起，是我不小心"，最后草草地结束讲话后回到后台，现场尴尬至极。

记住：突发事件通常可以引出很好的话题，淡定地处理好，很可能会带来意外的惊喜。

例如，2017 年，模特奚梦瑶在维多利亚的秘密（简称"维密"）T 台上突然跌倒，一下子成为群众的闲聊话题，结果这个事件让奚梦瑶爆火，维秘也爆火，坏事变成了好事。

回到我们的演讲。我们都知道，人无完人，因此尴尬在所难免。当出现这种情况时，我给出的策略是：不要逃避，大方地承认自己的尴尬或失误，展示幽默和坦诚的态度，越是人多的场合，人们越容易表现出善意，这时尴尬的小插曲也能顺利解决。

推荐的话术如下：

- 你们的热情让我为之倾倒。
- 虽然刚才摔倒的样子不是很专业，但请大家相信，我所讲的内容绝对是专业的。
- 有些路没有走过，不知道其坎坷，只有走过的人才有发言权，谢谢大家给我这次发言的机会。

类似的状况还有：念错名字、写错字、被台上的电线绊倒等，都可用上面的话术处理。

7.1.3　因紧张而想上厕所

在现实生活中，一些人一紧张就想上厕所。如果这种突发事件发生在演讲的时候怎么办呢？相信这考验的也是演讲者的临场应变能力和沟通能力。

如果在即将上演讲台前遇到这种情况，就赶紧和主办方协调，临时更改流程，对于后面的节目和安排，主办方会有相应的预案，切不可不告而别，否则影响的不仅仅是一次演讲，而是做人做事的原则，甚至可能会影响演讲者的前途。

如果在演讲过程中出现这种状况，就要做好中断时对观众的安排，这时可以让大家观看一段提前准备的视频，或提出一个问题让大家思考，放松一下，也可以把这个时间交给主持人，让主持人带领大家做放松的活动等，为自己争取时间来处理紧急的事情。

推荐的话术如下：

- 针对现在的这个观点，我给大家提一个开放性的问题，大家可以思考 10 分钟，一会儿邀请几位上台分享。
- 这次会议让我们有缘相识，我们不仅认识了台上的嘉宾，也可以利用这个机会和身边的人做一个介绍，感谢相遇，给大家 5 分钟时间互相认识一下。
- 都说演讲的人是理性的，而观众都是感性的。如果不小心听到泪点怎么办呢？我的建议是大家要不要先喝点水呢？好，我们一起喝点水，等待后面的演讲。

类似的状况还有：接电话、喝水、整理衣服、补妆等，都可以用以上话术进行处理。

7.2 道具或设备

演讲者在演讲过程中离不开道具或设备，并且这些道具或设备都需要提前测试好，但意外的发生总是防不胜防，虽然演讲者都知道自己才是演讲的主人，但道具或设备出现问题后难免会让人心慌。

当道具或设备在演讲过程中出现问题时，该如何处理呢？

7.2.1 话筒没有声音

奥巴马曾在白宫玫瑰花园就一份小型商业法案发表演讲时，话筒突然没有声音了，他不得不停下来敲打话筒并重复自己的讲话，还没说几句，话筒又出现了同样的问题，工作人员不得不更换话筒，这时，台下听得专心的议员们开始窃窃私语。

出现上述情况后，奥巴马还是能轻松地把控现场，他说："话筒出问题，可不是我的错。这完全是考验我的演讲功力，讲着讲着就把我的话筒拿走了。"最后，工作人员终于送来一个没有故障的话筒，奥巴马再次幽默风趣地说道："你知道，前进的路上总会有不平。"

奥巴马被称为美国历史上口才最好的总统之一，果然名不虚传。他的临场应变能力确实很强，一个小小的话筒故障并没有影响到他发挥。他深知演讲者的影响力就是在场面的控制中塑造的，任何意外都能为演讲者服务。

我在演讲台上曾多次出现话筒问题，有时是话筒没有电，这时直接提醒音控师换一支话筒即可，然后继续讲，完全不影响节奏；有时，音控师递给我话筒时没有打开，我会轻敲一下话筒的头，如果没有声音，就自己打开；有时更换话筒的时间较长，我就提高嗓音讲。

当设备出现问题时，演讲者一定要为工作人员争取时间，千万不要发脾气，更不要责怪他人。

推荐的话术如下：

- 这是前奏！表示我下面即将郑重地讲话。
- 相爱没有那么容易，每个人都有他的脾气，这句话用在哪里都合适，即使他"投胎"为一支话筒。
- 事实证明，有时候能动手就不要动嘴。解决问题还得靠技术，是时候展现真正的技术了，让我们用掌声请出电工师傅来救场。

有一次在我的课程现场，LED 灯突然起火冒烟，这时候我问现场观众：是不是因为咱们的氛围太火爆，点"燃"了 LED 灯？现场学员异口同声："是！"结果，氛围更"燃"……

类似的状况还有：幕布卡顿、电脑死机、遥控故障、标牌坠落等，都能用这些话术来应对。

7.2.2 PPT 出问题

毫无疑问，PPT（幻灯片）是演讲者的"最佳拍档"，此话确实很贴切，现在几乎所有展示类、说明类、介绍类的演讲都离不开 PPT。PPT 兼顾了提词器、播放器、说明书、手写板、画布的作用，成为很多演讲人第一次上台时的"救命稻草"。

在演讲过程中，如果 PPT 出现了问题，是不是就意味着演讲可能遭遇灾难呢？当然不是。

我有一个学员是新能源汽车发动机的设计专家，在一次产品发布会上，主办方邀请他对其设计的新能源汽车进行分享。他准备了很长时间的 PPT，结果在演讲当天文件损坏了，无法播放。

当时他崩溃的心态可想而知，前面的努力难道就因一个 PPT

无法播放而付诸东流吗？他偏不服输，于是憋着一口气讲了一场更震撼的演讲。他来到讲台中央和在场的观众说：

> "正如大家所看到的，今天我的演讲没有 PPT，因为它损坏了，但我明白了一个道理，有些事情只能靠自己，才不会被别人'掐脖子'。我们在燃油发动机的这条道路上步履维艰，西方技术垄断了半个世纪之久，很多专利都受到严格限制。但我们没有抱怨和消沉，当新能源赛道开启时，我们奋起直追，很多新的专利已经牢牢地把握在我们自己的手中，实现了弯道超车。"

这段振奋人心的话很快激起了观众的爱国热情，接着他就讲整个设计过程遇到的种种困难，团队的坚持，国家对他们团队的大力支持，全国院校的通力合作，最后突破了技术壁垒，获得了自主创新的专利，打破了国外在这个行业的垄断地位。在场的观众无不热血沸腾，虽然核心技术无法展现，但他的这场演讲成了全场最有激情的演讲。

演讲结束后，他又补充道：

> "很抱歉，没有为大家亲自展示技术成果，但我会将今天的 PPT 印制成册，发到每个与会人员的手中，恳求大家提出宝贵意见。"

这场没有 PPT 的演讲成了当天最好的演讲，人们记住了这个文质彬彬却充满激情的年轻人。

当 PPT 出现上述这种情况时，我给出的策略是：先脱稿演讲，再向观众说清楚原因，在演讲结束后会把资料发给大家。多讲和自己有关的内容，反而是观众更感兴趣的。

推荐的话术如下：

- 好看的 PPT 千篇一律，生动的演讲万里挑一，今天不看 PPT，只看我的这张脸。
- 很抱歉，我们的 PPT"挂"了，接下来，看我，我的脸就是屏幕，如果有不想看我的，也忍忍，工作人员正在全力"抢救"你们的眼睛。
- 今天的 PPT 有点调皮，知道我昨晚对它又是修又是改，折磨他，没睡好，那就让它休息一会儿。但我有信心不用 PPT 也可以，不过需要大家更加认真地聆听，并给予鼓励的掌声，好吗？

类似的状况还有：影片无法播放、道具无法使用、产品无法体验等，都可以参考以上话术。

7.2.3 突然停电

如果说前面介绍的都是小的故障插曲，那么停电可谓比较大的故障了，尤其是演讲的时间在晚上，现场突然停电，对绝大部分人来说都会产生恐慌，此时作为台上的演讲者，你的首要任务是控制局面，确保观众安全。其次是吸引大家的注意力，平复观众的情绪。

当出现这种情况时，我给出的策略是：自己一定要冷静，要试图吸引观众的注意力，避免引起骚动，让大家耐心等待，让工作人员打开窗帘和应急照明等。

我曾经在一次培训中也遇到过突然停电的情况，当时我就让学员打开手机的手电筒，让大家"照亮我的美"。结果现场效果反而更好了，因为有一种烛光晚餐的浪漫感和演唱会的气氛。

推荐的话术如下：

- 请大家保持安静，听从工作人员的安排，我们的电工师傅已经去检查线路，很快就可以恢复供电，感谢大家配合。
- 请大家不要慌乱，我们按顺序、听指挥、有秩序地离场。

类似的状况还有：空调停止运行、暖气跑水、舞台设备出故障、幕布出故障等，都可以用以上话术来应对。

7.3 观众

观众是演讲现场数量最庞大的一个群体，他们也是最不容易控制的，很多时候他们的行为也会影响演讲效果。

在《乌合之众》一书中指出，群体只会干两件事——锦上添花和落井下石。所以，我们演讲的原则是：减少台下观众自由发挥的空间，尽量让他们跟随你指引的方向。

7.3.1 演讲者突然被观众质问

在演讲过程中，如果有人在台下突然质问，我把这种现象叫作"噪声干扰"。

对于这种情况，演讲者不用过于担心，这通常只是个别现象，大部分观众其实和演讲者一样，对质问者的初始印象不会太好。因为观众会认为这些突然质问的人在耽误他们的时间，这时你就能利用这个"优势"来解决问题。

你不能被他的质问乱了方寸，你要快速调整好自己，不要受其影响。如果他质问你的声音很小，不用去应答，如果声音很大，影响到你正常演讲，你可以让他先坐下，告诉他很快会在后面的演讲中谈到这个问题。

切记：不要请他再说一遍，这样你就会非常被动。只要现场保持安静，你就有主动权。之后解答与否，完全看大多数人的反应。事实上，大部分观众都会忘记刚才是谁提出了什么问题。

当出现这种情况时，我给出的策略是：不要被别人影响，让大多数人保持安静。因为你是主讲人，他是观众，在你的演讲场上，你比质问者的气场大得多。

你拿着话筒，而他却没有，你可以打断他、说服他，而他却不能阻止你。从某种角度来说，这并不是一场公平的较量，当质问者意识到这个问题时，他就会停下来。告诉那些质问你的人，他们只能在演讲结束之后才能发表意见或者向你提问。当然，你的态度一定要温柔，给予对方足够的尊重。

推荐的话术如下：

- 你的这个问题非常好，请你仔细听我后面的内容，我将会回答相关问题。

- 我讲完会有一个提问环节，请你到时候再提问。
- 感谢你提出这个问题，请给我点时间思考。我先继续讲下面的内容。

类似的状况还有：故意接话、透露演讲的内容、抢风头等，都可以用以上话术来应对。

7.3.2 问答环节没有观众互动

问答环节是真正与观众建立了解和互信的一个纽带，也是演讲内容最直观的反馈。但由于一些个人性格或者环境的原因，有时在场的观众并不乐意参加问题互动，从而导致这个环节没有效果。

问答环节的成功与否关键在于准备，事先准备好观众可能问到的若干问题和相应的答案。如果场上没人提问，那么可以自己提出一个事先准备好的问题，比如，"你们可能会想提这样一个问题"或"人们经常问我这样一个问题"。这样既避免了场面尴尬，也对接下来的提问有一个引导作用，便于演讲者优雅地进入下一环节。

另外，你也可以从台上走到人群中，将身份变成活动的组织者，观众和你处于交流模式后，他们就会主动去思考。随便问一问身边的人，相信他们都会碍于面子，选择与你互动。

当出现互动的观众不配合时，我给出的策略是：先想明白提问要达到什么样的效果，如果只是为了引出后面的话题，就自己设计一个自问自答的话题；如果希望通过互动产生效果，则可以增加一些奖励环节，让观众为之所动。有奖问答在任何时候都会有效果。

推荐的话术如下：

- 我上次演讲时有人曾提出这样的问题，看来咱们观众很棒，对我的内容理解得很透彻。
- 有个问题想听听大家的意见，如果可以分享，我就赠送一本新书给分享的人。
- 曾经有人问过这样的问题，不知道大家有没有同感，如果有的话，请点点头。

类似的状况还有：上台分享、举手表决、开场"破冰"等，都可以用以上话术应对。

7.3.3 观众随意离场

即便是优秀的演讲者，也有可能遇到观众随意离场的情况，这时演讲的节奏和其他观众的注意力难免会受到影响。演讲者可能会怀疑自己的内容缺乏吸引力，一旦演讲者开始质疑自己，毫无疑问，这场演讲就是失败的。

遇到此类情况时，作为控场者的演讲者一定不要慌，可以心理暗示自己"这个观众对这么优秀的内容都不想听，可惜了""这位离开的观众错过了一个亿""你的离开是你的损失"……你只需把注意力放在自己的演讲上即可。

曾经有一名知名教授，他讲课时充满激情、风趣、幽默，让人没想到的是，他也曾遇到过台下学生中途离开的情况。他的应对方法非常巧妙，当学生三三两两离开时，他先是疑惑地看着大家，再转头看看教室里的时钟，说："奇怪，没到下课时间！"然而就在他看时钟的时候，又有两个学生溜走了。这时，教授接着说："好吧，我知道了"，然后他蒙住自己的眼睛，带着哭腔说："要走就走吧，快走吧，我看不到，不要伤害我"。顿时整个课堂被他逗笑了，接下来就再没有同学离场了。

这位教授上演了教科书级的操作。他将自己的尴尬状态转移到离场的同学身上，他越是闭上眼睛让人走，同学们越是不敢走。当他闭上眼睛的时候，整个教室的同学都在他的眼睛，他们想看看，在这种情况下，哪些人会走。从他身上可以学到，如果出现了非你设计的尴尬状况，你要试着让尴尬的氛围变得轻松一些。

所以，如果出现了观众随意离场的情况，我给出的策略是：不要让留在会场的观众受到影响，也不要试图挽回离开的人，你要把重点放在留下来的人身上，可以制造悬念、给出奖励，用好奇心和利益留住他人。

推荐的话术如下：

- 听主办方说，今天的会议完成后还有一份神秘礼品送给在座的各位，希望你们喜欢。
- 你们不要总是看他好吗？你们这样我会吃醋的。
- 曾梦想仗剑走天涯，看一看世界的繁华，可惜剑还在我手里，你为什么着急出发？

类似的状况还有：观众迟到等，都可以用以上话术来应对。

7.4 时间

在演讲过程中，时间也是很重要的一个影响因素。每个人的时间都是有价值的，所以把控好时间也是演讲者良好的素养表现。

演讲时间控制得好，不仅是演讲者超强的控场能力的体现，还是尊重观众的一种体现。

7.4.1 演讲时间被缩减

如果你经历过很多次演讲，那么难免会碰到在演讲前被告知要压缩演讲时间的情况。比如，前面的嘉宾超时、主办方临时增加了更多的人分享、有人迟到等。

当遇到这种情况时，你需要让组织者向观众说明原因，让观众知道此次分享的内容少，讲得不够深入不是准备不充分，而是由于无法改变的客观原因导致的，这样至少能博得观众的好感。

此时你可以将演讲的关键点提炼出来，并询问观众对哪个点最感兴趣，针对他们的选择再展开介绍。介绍一个点之后，回到主题页，让他们再选下一个。直到用完时间，这样就能保证你讲的都是观众最想听的。

还有一种方法是，自己挑出几点重要的内容演讲，其余的内容连同PPT一起发给观众，鼓励他们主动自学，或者留下你的联系方式，让他们有疑问再联系你。

当出现时间不够的情况时，我给出的策略是：不要为了将内容全部讲出而加快语速，这样会使演讲者感到疲惫，观众也很辛苦。将重点找出来后，让观众帮着筛选，不仅节约了大家的时间，还提高了吸收信息的效率。

推荐的话术如下：

- 我在这里就不一一讲述了，事后我会把 PPT 的内容发给大家，有问题我们一起讨论。
- 今天时间有限，为了提高效率，这里有十个题目，大家选择其中最感兴趣的三个，我重点讲。
- 我今天的分享只是抛砖引玉，将宝贵的时间留给后面的嘉宾，我们掌声欢迎。

类似的状况还有：时间超时、内容未完成、有重量级嘉宾到场等，都可以用上述话术来应对。

7.4.2 演讲时间被延长

与上面的情况正好相反，有时需要演讲者延长时间，这对新手演讲者来说可能会更紧张，因为准备的内容有限，而时间被延长后，唯恐内容不足以支撑延长的时间而出现冷场。

当出现这种情况时，我给出的策略如下：

- 将内容全部讲完后，进行总结陈述，把重点内容重新梳理一下，一些抽象的部分再加以解释。
- 留给观众答疑的时间，设计一些开放的提问，甚至可以让观众进行分享。

- 分享自己的故事和感受，寻找能与观众产生共鸣的地方。

推荐的话术如下：

- 我们还有一点时间，我帮大家回顾一下今天的内容。
- 今天的重点我再给大家介绍一下。
- 今天的内容就到这里，给大家留一些提问的时间，有疑问我们现场解答。

类似的状况还有：后面的嘉宾未到、需要加新内容、有冷场等，都可以用上述话术来应对。

下面回顾一下本章的内容，在演讲过程中，我们难免会遇到一些突发事件，本章从演讲者、道具或设备、观众、时间四个角度总结了频率最高的几种突发状况，并给出了处理策略和应对的话术。

总之，演讲者想要提高心理素质，需要做到以下几点。

- 放松心情，不怯场、不慌乱。
- 一旦情况有变，随机应变，冷静处理。
- 意外难免，机智救场更精彩。

第3篇 案例解析篇

第8章

经典的演讲案例

在本章中，我们将进行实战案例分析和解读，带领你学习如何做感人的婚礼致辞、浪漫的求婚告白、振奋人心的团队宣言、真诚的获奖感言、清晰的述职报告、自信的应聘展示、诚恳的认错或道歉。

下面介绍的都是真实的演讲案例，你只要认真品读，细细体会，再结合自己积累的演讲知识，相信你一定会迸发出思想火花。

接下来，我们像玩游戏一样，一层一层地通关吧。

8.1 感人的婚礼致辞

欢迎来到演讲游戏的第一关——婚礼致辞。

婚礼对每个结婚的人而言都是难忘的，在这个重要时刻，与婚礼相关的人要如何发言感谢到场来宾，如何给来宾留下深刻印象，铭记这个美好的日子呢？

在婚礼中，不同的角色，其心境不同，发言重点自然不同。下面从母亲、父亲、新郎三个角色出发，完成一段感人的婚礼致辞。

8.1.1 根据角色发言

1. 母亲

下面来看一位母亲在她女儿婚礼上的致辞。虽然文稿简短，但听后让人充满了力量。

亲爱的各位亲戚朋友：

大家好！非常感谢大家在百忙之中放弃休息的时间，前来参加这个宴会。作为母亲，看着自己心爱的女儿长大成人，即将拥有自己的小家庭，我感到很幸福。

在座的很多亲朋也是看着孩子长大的，所以在这里，我首先要感谢大家这多年来对孩子的关心和帮助。虽然今天是大喜的日子，但是作为母亲，我不想说什么百年好合、天长地久之类的祝福语，我只想对女儿和女婿叮嘱几句，说三句"不是"。

第一句，婚姻不是1+1=2，而是0.5+0.5=1。结婚后，你们小两口都要去掉自己一半的个性，要有做出妥协和让步的心理准备，只有这样，才能组成一个完美的家庭。现在的年轻人，在谈恋爱时常常被对方的锋芒所吸引，但生活中往往被对方的锋芒所伤害。妈妈是过来人，想对你们说，收敛自己的锋芒，容忍对方的锋芒，才是两情永久相悦的真正秘诀。

第二句，爱情不是亲密无间，而是宽容有间。结婚后，每个人都有自己的交往圈子，夫妻双方有时候模糊点、保留点，反而更有吸引力。给别人空间，也是给自己自由。请记住，婚姻不是占有，而是结合。所谓结合，就像合作关系，它存在的前提是首先要学会尊重对方。

第三句，家不是一味讲理的地方，更不是算账的地方，家是一个多讲爱的地方。有句话说"男人是泥，女人是水"。所以男女结合，不过是和稀泥。婚姻是两个人搭伙过日子，如果什么事都深究法理，那只会弄得双方都很疲惫。

好了，我就说这些。最后，妈妈还是衷心祝愿你们婚姻美满、幸福甜蜜，也祝愿在座的各位亲朋好友家庭和睦、身体健康、万事如意。谢谢大家！

下面来分析一下这段致辞。

第二、三段，开场对来宾致谢，感谢他们见证新人重要的时刻，并为后面对新人的叮嘱做铺垫。

第四段到第六段是对新人的叮嘱，发自肺腑，有力量。妈妈作为过来人，分享了关于她对爱情、婚姻的感悟，情真意切。

第七段，也是最后一段，简短的结尾，对新人送出祝愿，对来参加喜宴的亲朋好友再次致谢。

这篇发言稿获得了雷鸣般的掌声，也从侧面印证了演讲在精，不在多。

2. 父亲

贾平凹在他女儿的婚礼上致辞（为行文规范，个别有修改）如下：

我二十七岁有了女儿，多少个艰辛和忙乱的日子里，总盼望着孩子长大，她就是长不大，但突然间她长大了，有了漂亮、有了健康、有了知识，今天又做了幸福的新娘。

我的前半生，写下了百十余部作品，而让我最温暖的也最牵肠挂肚和最有压力的作品就是贾浅。她诞生于爱，成长于爱中，是我的淘气，是我的贴心小棉袄，也是我的朋友。

我没有男孩，一直把她当男孩看，贾氏家族也一直把她当作希望之花。我是从困苦境域里一步步走过来的，我发誓不让我的孩子像我过去那样的贫穷和坎坷，但要在"长安居不易"，我要求她自强不息，又必须善良、宽容。

二十多年里，我或许对她粗暴呵斥，或许对她无为而治，贾浅无疑是做到了这一点。当年我的父亲为我而欣慰过，今天，贾浅也让我有了做父亲的欣慰。因此，我祝福我的孩子，也感谢我的孩子。

女大当嫁，这几年里，随着孩子的年龄增长，我和她的母亲对孩子越发感情复杂，一方面是她将要离开我们，另一方面是迎接她的又是怎样的一个未来？

我们祈祷着她能受到爱神的光顾，寻觅到她的意中人，获得她应该有的幸福。终于，在今天，她寻到了，也是我们把她交给了一个优秀的、俊朗的贾少龙。我们两家大人都是从乡下来到城里的，虽然一个原籍在陕北，一个原籍在陕南，偏偏都姓贾，这就是神的旨意，是天定的良缘。

两个孩子生活在富裕的年代，但他们没有染上浮华习气，成长于社会变型时期，他们依然纯真清明，他们是阳光的、进步的青年，他们的结合，以后的日子会快乐、灿烂!

在这庄严而热烈的婚礼上,作为父母,我们向两个孩子说三句话。

第一句,是一副对联:一等人忠臣孝子,两件事读书耕田。做对国家有用的人,做对家庭有责任的人。好读书能受用一生,认真工作就一辈子有饭吃。

第二句话,仍是一句老话:"浴不必江海,要之去垢;马不必骐骥,要之善走。"做普通人,干正经事,可以爱小零钱,但必须有大胸怀。

第三句话,还是老话:"心系一处。"在往后的岁月里,要创造、培养、磨合、建设、维护、完善你们自己的婚姻。

今天,我万分感激爱神的来临,它在天空星界、江河大地,也在这大厅里,我祈求着它永远关照着两个孩子。

我也万分感激从四面八方赶来参加婚礼的各行各业的亲戚朋友,在十几年、几十年的岁月中,你们曾经关注、支持、帮助过我的写作、身体和生活,你们是我最尊重和应该铭记的人,我也希望你们在以后的岁月里关照、爱护、提携两个孩子,我拜托大家,向大家鞠躬。

贾平凹的整个致辞非常朴实、有爱、接地气,你可以试着自己去分析。

3. 新郎

下面来看新郎在婚礼上的一段演讲。

尊敬的各位来宾：

大家好！今天我由衷地开心与激动，因为我终于结婚了。一时间纵有千言万语却不知从何说起。但我知道，这千言万语最终只能汇聚成两个字，那就是"感谢"。

首先，要感谢在座的各位朋友在这个美好的周末，特意前来为我们的爱情做一个重要的见证，没有你们，也就没有这场让我与我妻子终生难忘的婚礼。

其次，要感谢岳父岳母，我想对二老说，二老把你们的一颗掌上明珠交付给我这个年轻人保管，谢谢你们的信任，我绝对不会辜负你们的信任，但我要说，我可能这辈子也无法让您的女儿成为世界上最富有的女人，但我会用我的生命使她成为世界上最幸福的女人。

我要感谢在我身边的这位在我看来是世界上最漂亮的女人，现在世界上男性人口数量达几十亿，我竟然有幸得到了这几十亿分之一的机会成为她的丈夫。几十亿分之一的机会相当于一个人中500万元的彩票连中几十个月，但我觉得今生能与你在一起，是多少个500万元都无法比拟的。所以我想说，谢谢你，谢谢你答应嫁给我。

我还想特别感谢妈妈。妈，谢谢您，谢谢您在30年前做出了一个改变了您一生的决定，把一个生命带到了这个世界上，让他学知识，教他学做人，您让他体会到世界上最无私的爱，您给了他世界上最温暖的家，您告诉他做人要诚实，您告诉他家的重要，可是这个小生命时常惹您生气，让您为他三十年来牵肠挂肚，操心劳力。现在我想说，妈，辛苦您了，咱家好了，儿子长大了，儿子结婚了。您可以放心了，我很幸福，因为我遇上了世界上两位最最善良、美丽的女人。

同时也感谢公司的领导对我的关照，你们就像对自己的子女一样对待我。各位领导，你们的恩情我会铭记在心，我会用我的努力来回报你们。

现在请大家举起手中的酒杯，为我们的幸福生活而干杯、喝彩！谢谢大家！

这篇致辞也相当精彩，作为婚礼的男主角，发言要真诚、大气，要照顾到现场每一个人的感受。

8.1.2 致辞结构与内容

角色不同，致辞的结构和内容也会有很大不同。

1. 新郎、新娘致辞

这里所说的新郎、新娘致辞，并不是指新郎和新娘互相表白婚礼誓言，而是仪式结束后，新郎和新娘要对到场来宾说的话。

此时新人致辞主要就是表达感谢，可以是其中一名新人说，也可以双方都说。

时长：3~5分钟，字数为500~800字，结构如下。

① 表达对所有来宾的欢迎与感谢。

② 简单表达自己的心情，如幸福、紧张等。

③ 感谢自己的父母，感谢他们的养育之恩，女方还可以表达

对父母的不舍，让父母放心。

④ 感谢对方的父母，男方可以感谢岳父母培养了优秀的女儿，以及愿意把他们的女儿嫁给自己，同时表决心，说明会对新娘好。女方可以感谢公婆对你们婚礼的支持，感谢他们对你的认可以及平时对你的照顾。

⑤ 感谢成长路上对自己有帮助的亲朋好友。

⑥ 感谢伴侣，如感谢他（她）对你的爱与包容，夸赞对方，或简单讲述恋爱经历等，同时许下诺言，比如，未来会永远爱对方等。如果你们在开场仪式时已经说了结婚誓言，这里就尽量简单，不要二次秀恩爱，否则会让人烦。

⑦ 最后再次感谢大家对你们的祝福，感谢今天来帮忙的朋友和兄弟姐妹，请大家尽情享用美食。

致辞时还需要注意尽可能不落俗套，可以通过以下两种方式表达。

① 变正经为搞笑：如果你的性格属于幽默、开朗型，那么致辞也没必要写得太拘谨，比如，"我很爱我老婆，所以接下来的话可能会引起各位单身来宾的不适，这就算是各位缴的单身税了吧。"

② 将致辞与抽奖活动相结合，来宾一定喜欢；或把要说的话编成歌曲及其他才艺表演，也会给人留下深刻印象。

2. 双方父母致辞

在婚礼上，可以邀请双方父母分别致辞，每家派父亲或母亲作为代表上台致辞即可，一般是父亲致辞。

时长：3~5分钟左右，字数为500~800字，结构如下。

① 作为主家，同样要先表达对到场来宾的欢迎与感谢。

② "回忆杀"，可以讲讲儿女小时候让你印象深刻的成长故事，或让你骄傲的成绩、让你欣赏的优点，以此表达对孩子这几十年来满满的爱。

③ 表达自己对儿女结婚的情感。比如，女方父亲通常对女儿嫁人会感到不舍，尤其说完女儿小时候，再说不舍时，很容易让人感动。男方父亲则可以表达有这样一个好儿媳的喜悦，同时表达对女方父母的感谢，以及会好好照顾女方，不让她受委屈等言语，表达对儿媳的珍惜，让亲家放心。

④ 谈谈婚姻之道，以及对新人的建议。比如，要互相包容等。男方父亲可以告诉儿子，作为一个男人，要承担家庭责任。女方父亲可以告诉女儿，让女儿多收敛一些脾气，还可用轻松的语气警告女婿，要对女儿好。

当然，如果男方父亲能提醒儿子要对儿媳好，会更让对方父母及其女儿感动。例如，伊能静和秦昊结婚时，秦爸爸的话就听哭了众人："虽然小伊比你大，但她依然是小女人，作为男人，一定要好好保护我们身边的女人，这才像个男人。"

⑤ 献上自己对儿子/女儿婚姻的祝福、期待，比如，希望他们百年好合等。

⑥ 最后再次感谢所有的来宾，感谢亲朋好友的帮助，请大家尽情享用美食。

父母致辞如何才能不落俗套？可以用下面两种方式来表达。

① 聊往事：父母心里一定都有对女儿小时候难忘的回忆，或许是第一次看到她的时候，或许是第一次开家长会的时候，多分享一些往事的细节与令你难忘的原因，如此真情实感，一定会让人感动。

② 在文笔上下功夫：如果父亲的文笔好，可以把致辞写得独特一些。

3. 证婚人致辞

证婚人致辞，代表对新人及所有参加婚礼的人的祝福和祝愿。从传统意义上说，证婚人扮演着见证者和引导者的双重角色，他们的言语可以增强人们的宗教信仰、社会意识和道德观念等。

时长：3~4 分钟，500 字左右，结构如下。

① 证婚人欢迎所有的宾客前来参加这场婚礼，表达关于爱情和婚姻的观点。

② 宣读证婚词的部分，要强调新人之间是自由选择、彼此相爱，并得到法律认可的事实，正式宣告他们已经合法结为夫妻。

③感谢大家共同见证，并祝福新人永远相爱、幸福美满。

比如下面这段证婚人致辞。

> 尊敬的各位贵宾，今天我们有幸聚集在这里，共同见证一场婚礼盛宴。当两颗心相遇时，注定了一段不凡的爱情故事，从而让我们见证了至高无上的婚姻仪式。在此我要特别强调，新郎 ×× 先生和新娘 ×× 女士的婚姻并非父母之命，而是自由选择，更获得了法律的认可和登记注册，他们在彼此真挚的感情基础上缔结了这

份神圣的婚姻。今天，作为这对新人的证婚人，我郑重地宣告：××先生和××女士已经合法结为夫妻！因此，在这充满欢乐氛围的时刻，让我们一起向这对新人解锁更多人生的幸福，并把最诚挚的祝福献给他们。

余生有你，便是晴天；一生有你，便是春天。两位新人，今日共牵手，共走前程，坦白相见，共谱恩爱之歌。此时此刻，万籁俱寂，唯愿爱情长存。让我们祝愿新人，永远像初次相见那样美好，继续走到未来的岁月里，永不后悔、永不忘记当初的誓言。在这个浪漫的场合里，让我们携手共舞，祝福新人幸福美满。

我曾给一些学员做过证婚人，发言时我喜欢讲以下三句话。

- 结婚之前可以玩命看缺点，结婚之后必须主要看优点。
- 新娘跟我一起讲：他若成功，我愿意陪他一起君临天下；他若失败，我愿意陪他一起东山再起。
- 对新郎说：对老婆越好，运气就越好；越疼老婆，事业就越好。家和，万事就兴。

4. 伴郎、伴娘致辞

伴郎、伴娘是代表朋友向新人致辞的，可以男女方各派出一位伴郎和伴娘来致辞。

父母致辞比较感人，证婚人致辞比较正式，所以作为最后出场的伴郎和伴娘致辞，一定要尽量轻松、幽默，以活跃气氛。当然煽情也是可以的，真实最好。

时长：3分钟左右，500字左右，结构如下。

① 简单介绍自己，包括姓名及与新郎/新娘的关系，比如，和他/她穿过同一条裤子等。

② 表达自己的心情，比如感到开心或不舍，因为没人一起喝酒了，或幽默自嘲，说因为自己还是"单身狗"，感到"生气"。

③ 聊聊你眼中的新郎/新娘，聊聊你认识他/她时他/她是什么样的，有什么搞笑或令你印象深刻的往事，以此带出新郎/新娘的优点与独特之处。

注意：主要是为了称赞新人，而不是为了八卦新人、"黑"新人。

④ 讲讲新郎/新娘有趣的恋爱经历，比如，谈恋爱时两人是如何天天"腻"在一起的，新郎第一次约会新娘后的心情是怎样的等。

注意：主要是为了展现新人的恩爱感情，而不是为了搅黄新人，不该说的别说。

⑤ 最后祝福新人，以诙谐的语句表达对新人婚后生活的建议。伴娘可以提醒新郎一定要对新娘好，否则"娘家人不会放过你"等。

伴娘致辞怎样才能不落俗套？可以参照下面的内容。

① 拿出你段子手的本事来：既然是年轻人，说话方式可以不用太正式，越有趣越好，可以"一本正经地胡说八道"。

② 讲往事适当"爆料"细节：这里说的"爆料"不是爆"黑料"，可以说一些大家不知道的事情，或是新人的另一面。比如，新人睡觉时爱说梦话等，这些无伤大雅的"猛料"，很容易活跃现场气氛。

通过以上案例分析，相信你已经学会了婚礼致辞的方法。

8.2 浪漫的求婚告白

接下来进入演讲游戏的第二关——浪漫的求婚告白。

生活中处处是演讲，前面我们说了婚礼致辞是演讲，一段好的婚礼致辞能让新人对这次婚礼铭记终生。一段浪漫的求婚告白又何尝不是这样呢？对每个结婚的人来说，求婚一定会是人生中非常重要的时刻。求婚前的忐忑、求婚后的幸福，都会成为他们人生中不可磨灭的部分。

一段浪漫的求婚告白会成为求婚的人情感的寄托、情绪的载体。那些浪漫而真挚的求婚词能提高求婚的成功率，会让他们下定决心与对方相伴一生，也会让他们在未来的日子里，每每想起都感到幸福甜蜜。

下面将介绍一段浪漫的求婚告白应该是什么样的，有什么公式可以套用，以及有哪些求婚金句需要我们提前背诵。

8.2.1 浪漫的求婚告白是什么样的

你心中浪漫的求婚告白是什么样的？是不是有蜡烛、鲜花、烟花、围观的人群，甚至高档的大屏幕上暖心告白的话语，以及价值不菲的炫酷跑车？

虽然这样的求婚告白真的很浪漫，但遗憾的是，这种类似"霸道总裁爱上我"式的求婚并不适合大部分普通人。

在我看来，真正浪漫的求婚告白是：用最质朴、最恰当的语言，向你的恋人传递出你对她的珍惜，以及有了她之后，你的生活希望。

在电视剧《我的青春遇见你》中，陈也拿着一个钥匙扣向李招娣求婚的场景，让人印象深刻。穷小子陈也身无长物，却凭借一段发自内心的自白和一个毫不起眼的钥匙扣，将李招娣收入怀中，那段告白不可谓不精彩。

陈也说："跟你在一起的时间里，我觉得特别开心、特别快乐、特别有盼头，我觉得我的人生目标越来越清晰了，就是我一定要把你娶回家。

"我知道我的条件挺一般的，没有学历，也没钱，但是我不笨，我懂什么是爱。爱就是我第一次看到你，那脏兮兮的脸蛋儿；爱就是我们两个在小饭馆里，吃着香味扑鼻的饭菜；爱就是我离不开你，你也离不开我的习惯，更是一种责任……

"我知道，我现在不能给你买名牌包包，也让你坐不了小汽车，但是我每天都会努力，我会让你的日子一天比一天过得好……

"招娣，我陈也今天正式向你求婚，虽然今天天气不太好，也没有买正式的结婚戒指，只是用这个钥匙扣来代替，但是你别小看这个钥匙扣，它上面可以绑很多钥匙，有我们家的钥匙，有我们车子的钥匙，有我钱箱的钥匙，还有我心里所有秘密的钥匙……"

短短几段话，就能让女方感受到对她的重视，再用钥匙扣隐喻表达自己愿意为了两人的未来努力奋斗,让恋人相信和对方结婚后,未来一定会幸福美满。

一段好的求婚告白一定要具备两个要素。

- 要素1:要让对方感受到你的爱。
- 要素2:要让对方相信你会为了你们未来的幸福而奋斗。

需要提醒的是:当你自身条件不够时,不要急着表示未来要赚大钱,不妨试着讲讲自己对爱的理解,试着用相恋时美好的点滴作为铺垫,稍缓一步再表决心。

在我的线下课现场,因为很多时候场面都很热闹,大家都处于被赋能的状态,所以经常有学员鼓起勇气在现场向自己的恋人求婚。比如,有一位学员叫张云雷,他在我的演讲现场突然冲上讲台,面对自己的女朋友单膝跪地,并动情地说:

"赵艳,我有心里话对你讲。从我们相识的那一刻起,我就知道你是我一生中最重要的人。我们一起度过的每一刻都让我感到无比幸福和满足。

"我知道,有些事情是无法控制的,比如时间和距离。但是,我想告诉你,我对我们的感情充满了信心和希望。我愿意和你一起走过人生的每一个阶段,无论是快乐还是悲伤,我都愿意和你一起承担。

"今天,我想对你说,我爱你。这份爱不是轻易表达的,但是,我相信你能感受到我的真心和坚定。我愿意用我的一生来守护你,为你付出一切。

"我知道,求婚不是一件简单的事情,但是,我相信我们的未来会更加美好。我希望你能够答应我的求婚，让我们一起走向未来。

"最后，我想说，宝贝，从此以后有我在你身边，我为你遮风挡雨，你不需要再一个人面对生活，我们一起走向新的未来。嫁给我吧！我会一直爱你、珍惜你，并且用我的一生来守护你。希望你能成为我的妻子，你愿意吗？"

当时，整个现场都轰动了，有人送花，有人起哄，有人带头喊"嫁给他，嫁给他"，再加上我在旁边"煽风点火"。最终，女主被他感动得泪流满面，张云雷求婚成功。

8.2.2 一个万能的求婚告白公式

前面已经提到过，一段好的求婚告白一定要具备"爱意"和"希望"两个要素。下面是我总结的一个万能的求婚告白公式。

求婚告白 = 美好回忆 + 真情实感 + 未来展望 + 亲密告白

美好回忆是铺垫，缓缓打开回忆之门，挑两至三件让你们都记忆犹新的经历进行简单描述。比如：

> 还记得两年前那场海上的烟花吗？一对恋人在海边求婚，当烟花绽放的那一刻，我看到你的眼中有光，那时我就告诉自己，以后也要为你准备一场盛大的求婚仪式。

真情实感是在美好回忆之后，表达自己对恋人真挚的爱。比如：

还记得第一次吻你，我紧张得双腿哆嗦，那天夜里兴奋到失眠。虽然我深知自己拙劣的情话还拿不出手，但看到你的那一刻，就突然什么都顾不得了。我想把暖风给你，炙热给你，小心翼翼给你，奋不顾身给你，余生所有的清晨日落，早安晚安，全都给你。

展望未来则是为了让恋人安心，你要让她在你身上看到希望，在这一步，你要对未来有一个明确表态，给对方一份关于未来的承诺，也可以是对你们今后生活的期许和展望。比如：

我曾经答应你，一毕业就来娶你。现在毕业了，虽然目前我的经济条件还很一般，但我已迫不及待地将你抓牢，毕竟你这么美好，我怕抓不牢就会错过。亲爱的，有了你，让我的奋斗动力十足，我一定会努力把你宠成我的小公主。未来，你将会成为我努力生活的唯一解。

最后一步则是亲密告白，前面铺垫了这么多，无非就是为了最后一步。此时尽可能用亲密的话语让对方答应自己的要求。

8.2.3 可以借鉴的告白词

1. 浪漫肉麻型

- 我曾苦苦地跪在佛前许愿，我愿化作一棵小树，矗立在你每天的必经之路。我更想将爱恋与思念挂满枝头，希望有一天你会与我相恋。
- 时间冲不淡真情的酒，距离拉不开思念的手。爱你是我一生中做过最美的梦，我想和你一起，直到地老天荒，时间尽头。

- 我想让太阳化作我的柔情，每天呵护着你；也想让清风化作我的臂膀，轻轻拥抱着你；亲爱的，嫁给我吧，我愿意带着我的情与爱，陪你走过每个充满幸福的明天。
- 如果我们之间的距离是山，那我愿为愚公；如果我们之间的距离是海，那我愿为精卫；如果我们之间的距离是波澜，那我愿为大禹，愿风儿吹走所有的迟疑，留下我真实的情感，嫁给我吧，我想和你一起永远幸福。
- 错过往往就在一瞬间，这一生我错过了很多，唯独你是我绝对不能错过的。牵起你的手走进婚姻的殿堂，爱你，疼你，此生不离不弃。
- 云朵最希望在蓝天飘荡，花朵最希望在风中摇曳，月光最希望在荷叶中流泻，露珠最希望在叶尖等待，我最希望执子之手，与子偕老。真的很爱你，迫不及待地想给你幸福快乐，嫁给我好吗？
- 因为遇见了你，我知道白天的太阳是灿烂的；因为遇见了你，我知道夜晚的月亮是温馨的；因为遇见了你，我知道现在的我是幸福的。亲爱的，因为遇见了你，我才知道我是多么的重要，嫁给我吧，让我照顾你一生一世。
- 情深无以言表，爱浓有心拥抱。遇一个人不容易，牵一双手不简单。我相信是缘分让我们相遇，是真情让我们相牵。亲爱的，只盼与你共走这一路，简单幸福就好！
- 白云的无意停留，成就了天空的美丽永久。在人来人往的时间河流中,你的偶然出现,成就了我生命最美的乐曲。我有的不多,却愿意把最好的都留给你。亲爱的,嫁给我吧!

- 我们都有过曾经,我可以不是你第一个动心的人,第一个牵你手的人,第一个拥抱你的人,但我希望以后你不快乐时第一个想到的人是我,你有困难时第一个依靠的人是我,你高兴时第一个分享的人是我,往后余生,你的第一个都是我。

2. **务实肉麻型**

- 如果雨季还在,我愿意和你一起行走;如果已经是夕阳了,我愿意和你一起欣赏;如果我有很多金钱,我愿意花钱买下所有的玫瑰和巧克力送给你,连我的心意也一起送给你。

- 以前的我不相信一见钟情,但是见到你的那一刻,我否定了我的看法。我知道我的心开始沦陷,以后也只会为你跳动。我们结婚吧,亲爱的。

- 我想把钻戒轻轻地戴在你的手上,一生一世,纵然平平淡淡,但还是想与你同尝生活中的酸甜苦辣。我想为你遮风挡雨,共度今后每一个朝朝暮暮。亲爱的,嫁给我吧,请相信我会给你带来幸福。

- 你的过去我来不及参与,但未来的每一天都会有我的存在,让我用余生去好好爱你。无论是天晴还是下雨,我都会像伞一样为你遮风挡雨,挡住刺眼的阳光。嫁给我吧!让我作为你的那把伞。

- 我想每天醒来第一眼看到的就是你，我想每天都能牵着你的手出门、回家，我想我的生活里每时每刻都有你的身影。我的生活简单平凡，但是有了你，一切都变得更加有意义，每天活得很精彩。嫁给我，我会让你继续幸福下去。

- 你不高兴的时候，我陪你；你伤心的时候，我陪你；你心情不好的时候，我陪你；你不想回家的时候，我陪你。无论怎样，我都陪你，从今以后我会是你最亲密的爱人，也会是你最可靠的亲人。而你会成为我最爱的人，我的全部。我永远爱你！嫁给我，好吗？

- 我承认自己有时不成熟，也承认自己并不是最好的，我不是霸道总裁，更不能给你轰轰烈烈的完美爱情。但我想要把整颗心都交给你，我想让你，在我的世界里安安静静地当女主角，其他需要冲锋陷阵、养家糊口的事都交给我。嫁给我，好吗？

- 你说抽烟喝酒不好，我把它们戒掉了；你说爱情需要浪漫，我陪你去了爱琴海；你说有钱、有车才好，我在努力赚钱给你花了；你说钻戒很美，我找到了独一无二的真爱。现在，请让我亲手为你戴上，嫁给我，好吗？

- 每一部电视剧都有一对男、女主角，剧情的展开就是围绕着他们的。每一位作者笔下的故事都是男、女主带来的，从开端到高潮，再到结局，每一次都那么精彩。我们的相遇、相识、相知，何尝不是这样？不过唯一不同的就是电影和书中的主角随时可换，而我俩是永远不能被替代的组合，你是我生命中唯一的女主角，缺了你，也就缺了我的所有。所以，亲爱的，嫁给我好吗？

8.3 振奋人心的团队宣言

恭喜你完成了前两关的学习，欢迎来到演讲游戏的第三关——团队宣言演讲。

如果说婚礼上的誓词如水一般温柔浪漫，那么团队宣言要像火一样热烈奔放。好的演讲者不仅能用语言的力量让人们战胜恐惧，走出迷茫，勇往直前，而且面对团队时，这种力量将实现倍增。

你是不是也非常想驾驭这种让人热血沸腾的演讲呢？那么，我来告诉你，要做出这样的演讲，需要具备以下六个方面中的一个。

8.3.1 战胜恐惧的呐喊

美剧《冰与火之歌》中有句话"恐惧比利剑更伤人"，事实也的确如此。

我还记得新冠疫情爆发时，无数人陷入了恐慌。这件事让我们用了三年时间才走出来，但身在那三年中的我们，完全不知何时才能摘掉口罩，何时才能与朋友相聚，那种迷茫与恐惧无以言表。

在这种情况下，如何帮助众人稳定情绪、恢复常态就非常关键。于是那段时间经常看到类似的演说：

> 一个又一个的无名"英雄"送来口罩、酒精等防护用品，送来温暖，送来支持。许许多多医生立下请战书，主动援鄂，一个又一个医生剃成了光头，一个又一个医生倒在了自己的岗位上。
>
> 有人说，中国人民在面对灾难的时候，总会变得异常团结与不可匹敌。是的，中国人民在面对危机时，真的会因为难以置信的凝聚与团结而获得巨大的力量，从而战胜一切艰难险阻。
>
> 我们的中国，我们的中华民族，真正做到了。人民有信仰，国家有力量，民族有希望。团结的力量是巨大的，所以，众志成城、共克时艰的我们，一定会在不远的将来，取得胜利！

毫无疑问，上面这段文字是充满力量的，能引起观众共鸣，给我们战胜恐惧的信心。

正如美国前总统罗斯福所说："我认为克服恐惧最好的办法唯有面对内心所恐惧的事情，勇往直前地去做，直到成功。"

在关于战胜恐惧的演讲中，常用到的高频词句有：

勇气、胆量、骨气、无畏、热血、永生、荣耀、血性男儿、一身是胆、舍生取义、长路当歌、嗤之以鼻、不屑一顾。

生如夏花般灿烂，死如秋叶般静美。

不甘摇尾乞人怜，视死如归气浩然。

风萧萧兮易水寒，壮士一去兮不复还。

人生自古谁无死，留取丹心照汗青。

军歌应唱大刀环，誓灭胡奴出玉关。

只解沙场为国死，何须马革裹尸还。

8.3.2 团结一心的凝聚力

一个团队之所以能产生不可小觑的力量，其重要的原因就在于团结一心的凝聚力。演讲产生凝聚的方式是将众人变成命运共同体，将你、我、他统统变成我们。

例如，一家公司新研发的产品投入市场后，没见一点效果，整个项目组陷入低迷状态，甚至有好几位老员工提出离职。公司创始人面对这样一场危机，在全体员工大会上发表了下面这段演讲。

各位同事，大家好。

我们现在面对的是一场前所未有的危机，这对我们每个人来说都是艰难的时刻。我知道，当我们面对种种艰难险阻时，恐惧和不安就会蔓延开来，但我们更需要做的是保持镇定，保持冷静。

我们用心经营着公司，我们依靠的是团队合作和互相帮助。虽然现在遇到了这样的难题，但是我相信我们能够共同克服它。因为我们看到了团队协作在挑战中发挥的重要作用，我们必须保持勇气和希望，并尽最大的努力寻找解决问题的方法。即使我们失败了一次、两次，也不要放弃，因为这些错误将成为我们今后成功的丰富阅历。

除此之外，我们还需要有一个愿景。我希望我们所有的人都能回头看看过去，能够克服这个困难，朝着新的方向继续前进，创造一个更加美好的未来。无论什么时候，只要我们共同努力，就能迎来新的曙光，让我们的公司变得更加强大。

在此，我请各位放下思想包袱，用换位思考的方式，站在整个团队的高度，与我们共渡难关，秉持着"团结拼搏、奋发有为"的精神，让我们携手共进，一定能成功战胜危机。

最后，我要感谢每位同事在这个特别时期所付出的努力。让我们一起凝聚力量，携手应对危机，并一起走过这个艰难的阶段，共同迎接灿烂的明天。

谢谢大家。

在这次演讲后，虽然员工们还有些忧虑，但士气都提起来了，大家干劲十足，两个月后终于迎来了曙光。

这篇动员型演讲用的是以下演讲框架。

- 开场白：简单问候和介绍主题，引入下文。
- 面对困境：承认当前所面临的危机，以及与之相关的恐惧和不安，并呼吁大家保持冷静和镇定。
- 团队合作：强调团队合作在应对挑战中的重要性，鼓励大家要有勇气，尽力解决问题，同时积极面对失败。

- 愿景：提出公司发展的新方向和未来的憧憬，相信大家将一起渡过眼前的难关，并创造一个更加美好的未来。
- 放下思想包袱：呼吁大家放下思想包袱，站在整个团队角度考虑问题。
- 团结拼搏：重申团结精神和拼搏精神的重要性，并号召大家携手共进，共同应对危机。
- 结束语：感谢所有人付出的努力，并团结全部力量共同渡过难关。

动员型演讲不是说服一个人，而是感召一群人，它可以凝聚力量，增强信心。

动员型演讲的关键是找到所有的人都能产生共鸣的地方，以此为切入点，让大家相信这是一件需要我们共同面对的事情。人都会寻找归属感，当融入一个集体时，集体精神就能发挥出意想不到的力量。

动员型演讲中出现的高频词句有：

联盟、手足、凝聚、同心、默契、相助、契合、孤独、无助、陪伴。

众志成城、万众一心、患难与共、风雨同舟、精诚团结、兄弟同心、唇齿相依、琴瑟和鸣、休戚与共、患难之交、肝胆相照、荣辱与共。

结交一言重，相期千里至。

晚来天欲雪，能饮一杯无？

青山一道同云雨，明月何曾是两乡。

风雨并肩处，曾是今春看花人。

交情得似山溪渡，不管风波去又来。

共舆而驰，同舟而济，舆倾舟覆，患实共之。

8.3.3 神圣无畏的使命

马克思、恩格斯曾经说过，作为确定的人，现实的人，你就有规定，就有使命，就有任务，至于你是否意识到这一点，那都是无所谓的。这个任务是由你的需要及其与现存世界的联系而产生的。

任务和使命是将认同、归属、责任、忠诚，以及利他等多种需求升华的价值观。当民众的使命感被激发时，便会产生所向披靡的大无畏精神，这种精神无处不在。

在电影《流浪地球2》中，李雪健饰演的中方代表在联合国的那次演讲，便是将文明的意义进行了升华。

一万五千年前，大腿骨折是致命的，只能等在原地被野兽吃掉。

但，这根股骨愈合了，它是人类文明诞生的标志。

意味着他受伤以后，有人为他处理伤口，有人为他提供水和食物，有人保护他，不受野兽攻击。

团结延续着文明的火种。

一万五千年后的今天，有一根断裂的股骨摆在我们面前。

太阳系将不复存在，我们的人一定可以完成任务。

危难当前，唯有责任。我相信我们会再次看到蓝天，看到鲜花挂满枝头。

当一个活动具备了特别的意义时，人们一定会激发前所未有的热情。因此，你在准备演讲时，可以为某次活动赋予一个特殊的意义，这样通常可以调动大家的积极性。

使命型演讲中出现的高频词句有：

责任、担当、坚守、敬业、匠心、己任、天下、荣辱、奉献、就义、滚烫、铸就、守望、扎根、赤诚、纯粹。

任重道远、不辱使命、幸不辱命、不负众望、荡气回肠、气吞山河、义不容辞、不容分说、负重前行、粉身碎骨。

荣辱之责，在乎己，而不在乎人。

谓我不愧君，青鸟明丹心。

君子志于泽天下，小人志于荣其身。

利居众后，责在人先。

毅魄归来日，灵旗空际看。

男儿何不带吴钩，收取关山五十州。

苟利国家生死以，岂因祸福避趋之！

位卑未敢忘忧国，事定犹须待阖棺。

为天地立心，为生民立命，为往圣继绝学，为万世开太平。

8.3.4 真实可信的案例

你的演讲也许不能打动所有人,但是只要做到一点,同样可以让团队为之振奋,那就是相信的力量。

建立信心是如此的宝贵。英国诗人马修·阿诺德曾说,一个人除非自己有信心,否则就不能带给别人信心;自己已经信服的人,方能使人信服。

作为演讲者,激励别人的前提是自己要相信所说的一切,没有丝毫质疑。你的眼神、你的手势都无时无刻不在证明你的信心。

在上海市癌症康复俱乐部组织的义务演讲中,一名叫朵朵的乳腺癌患者是这样演讲的:

> 癌细胞从来不会真正杀死一个人,它只是从犯。
>
> 如果你害怕了,它就和恐惧站在一起,把人吓死;
>
> 如果你消沉了,它就和抑郁站在一起,受尽折磨;
>
> 如果你绝望了,它就和放弃站在一起,把人毁灭;
>
> 然而你还可以选择开心、积极、乐观、热爱生活,它就和快乐在一起,慢慢融化。
>
> 李宗伟,马来西亚羽毛球名将,2018 年患鼻咽癌,抗癌成功;李开复,创新工场董事长兼 CEO,2013 年患淋巴癌,抗癌成功;罗家英,演员,2004 年患肝癌,抗癌成功;汪明荃,演员,2002 年患乳腺癌,抗癌成功;李雪健,演员,2001 年患鼻咽癌,抗癌成功……

罗曼·罗兰说过,世界上只有一种英雄主义,就是在认清生活真相之后依然热爱生活。

我们不羡慕英雄，因为我们就是英雄本人。肿瘤君，送你六个字：有多远滚多远！

人们愿意相信真实可信的案例，因为它比那些华丽的辞藻更有冲击力。如果需要让团队相信，有力的证据必不可少，没有人喜欢空洞的口号。就像作家奥斯汀说的那样"事实比辞令更丰富。"言之无物的演讲，只能图个热闹罢了。

在真实可信型演讲中常出现的高频词句有：

信念、信条、笃信、铭刻、确凿、无疑、验证、踏实、放心、清醒、泪水、痕迹、不屈、迷思、幻象、清晰、动摇、蝶变。

深信不疑、我本可以、摇摆不定、患得患失、涅槃重生、固步自封、自信满满、探囊取物。

自信无畏，不惧向前。

目光高远，脚踏实地。

不能胜寸心，安能胜苍穹。

何须浅碧深红色，自是花中第一流。

自信人生二百年，会当水击三千里。

8.3.5 对比强烈的落差

作为一个激发团队斗志的演讲者，有时候你要做的是打破宁静。

平静的生活会让人感到无聊，让团队弥漫着懒散的气息，此时就需要一个会演讲的你出现，进行一次有力的"灵魂拷问"。

在《华尔街之狼》中，莱昂纳多饰演的乔丹作为销售主管，将某个产品的创始人请到公司展示其发明的产品。但是众多销售人员并不买账，觉得产品不好卖。于是小李子登场，就有了下面这段载入影史的演讲。

在这个世界上，做穷人不光彩。我富过，也穷过。我每次都选择做富人，因为至少有钱的时候，我就算面临困难，也会坐在豪车上，穿着2000美元的西装，戴着14000美元的金表。

如果有人觉得我肤浅，或是崇尚物质，那就去麦当劳找份工作吧，因为那才是你归属的地方。

在你离开这间满是赢家的房间之前，我要你好好看看你身边的人。因为在一个不久的未来，当你开着破旧的普桑，停在红灯路口，那个人将开着全新的保时捷，停在你旁边，身边坐着漂亮的老婆，而你旁边却是三天没洗头、穿着无袖衫的恶心老母牛，车上还装满了减价超市买来的菜。

所以听好了，你付不起账单了吗？拿起电话开始拨打吧！你的房东要把你扫地出门了吗？拿起电话开始拨打吧！你的女朋友觉得你是一个没用的废物吗？拿起电话开始拨打！

我要让你们用钱来解决所有的问题。

你们今天所要做的，就是拿起电话，说那些我教你们的话，我就能把你们变得比美国大多数 CEO 还富有。

在这段演讲中，我们可以清晰地看到，小李子用非常详细且生动的语言勾勒出两类人的生活：富人的美好生活与穷人的痛苦遭遇形成了鲜明对比，小李子及时发出行动指令，带动观众的情绪上升到最高处，致使场面变得异常火爆，销售人员全都拿起电话，像配备了机关枪的杀手，准备向客户"火力全开"。

在动员团队时，给出勇气和希望都是比较容易点燃激情的，当你面对平静的观众时，可以利用强烈对比造成的反差起到唤醒的作用。

在对比型演讲中出现的高频词句有：

觉醒、挣扎、麻木、阵痛、撕裂、钝感、惯性、唤醒、踌躇、远方、向往、平庸、脆弱、软弱、张扬、妥协、悬崖、沮丧、拒绝、打碎、低头、倔强、救赎。

随遇而安、安贫乐道、居安思危、习以为常、随波逐流、逆来顺受、任人摆布、逆风飞翔、活出自我、舍我其谁、忍气吞声、苟延残喘、跪地求饶、灰头土脸、尽情燃烧、百炼成钢。

逆水行舟，不进则退。

心有惊雷，生似静湖。

君子坦荡荡，小人常戚戚。

可以卑微如尘土，不可扭曲如蛆虫。

节物风光不相待，桑田碧海须臾改。

8.3.6 值得追求的愿景

《善待命运》一书中提到,对于生命的最高奖赏和人生的至上财富,就是与生俱来对目标的追求。有追求的人与没有追求的人的状态是完全不一样的,他们眼中有光,心有所往,为了目标可以抛开一切杂念。

你作为演讲者,在演讲时应当把"愿景和目标"展现出来,要让观众感觉听了这场演讲是超值的。

美国前总统奥巴马靠着《无畏的希望》这场主题演讲一举成名,开启了他的竞选之路,最终成为美国有史以来第一位黑人总统。在他的演讲中,他将希望描绘得很真实。

> 是因为存在希望,奴隶们围坐在火堆边,才会吟唱自由之歌;是因为存在希望,才能使人们愿意远涉重洋,移民他乡。是因为希望,年轻的海军上尉,才会在湄公河三角洲勇敢地巡逻放哨;是因为希望,出身工人家庭的孩子,才会敢于挑战自己的命运;是因为希望,我这个名字怪怪的瘦小子才相信美国这片热土上也有自己的容身之地!

> 这就是无畏的希望,最后感谢上苍赐予我们最好的礼物,也就是这个国家唯一生存的基石。因为我们相信最好的东西尚未出现,更好的日子就在明天。

> 我相信,我们可以为中产阶级减轻负担,给工薪家庭以机会;我相信,我们能够给无业者以工作机会,给无家可归者以住房,将遍布美国城市中的年轻人,从暴

力和绝望的悬崖边拯救出来。

美国正面临危机，我们正处于十字路口，我们可以做出正确的选择，去面对前面的挑战，迎接不一样的明天！

此类演讲中出现的高频词句有：

凋零、牢笼、封印、激活、发芽、孕育、渺小、传奇、卓越、飞翔、翅膀、扬帆、起航、破浪、光亮。

鸿鹄之志、志存高远、雄心勃勃、意气风发、得偿所愿、心满意足、怀才不遇、纵情高歌、忘乎所以、肆意妄为、随心所欲、欲壑难填。

循梦而行，向阳而生。

心存希冀，目有繁星。

锦时筑梦，且待芳华。

当晦暗散尽，终星河长明。

追风赶月莫停留，平芜尽处是春山。

少年何妨梦摘星，敢挽桑弓射玉衡。

莫听穿林打叶声，何妨吟啸且徐行。

至此，恭喜你完成了第三关的学习。

8.4 真诚的获奖感言

下面进入演讲游戏的第四关——写一篇真诚的获奖感言演讲稿。

一个人获得的成绩背后凝结着无怨无悔的付出、倾其所有的相助、同甘共苦的陪伴。接下来将介绍如何发表最真诚的获奖感言。

在生活中，一个学习刻苦、工作上进的人一定会得到各种各样的褒奖，这种褒奖有可能是正式的颁奖，也可能是公司会议上的点名表扬。这意味着，被褒奖者很有可能需要发表获奖感言。

表达恰当的获奖感言不仅能充分展示获奖者的口才魅力，还能展示人格风采。那么，我们如何在短时间内组织一篇能够打动观众的获奖感言呢？

8.4.1 经典的获奖感言

1. 一段发自肺腑的感言

胡歌在第 28 届中国电视金鹰奖暨第 11 届中国金鹰电视艺术节上获得了观众喜爱的男演员奖和最具人气男演员奖，成了当晚最大的赢家。在发表获奖感言时，他说了下面一段话。

> 首先，我感到非常意外，我没想到梅长苏和郡主（刘涛）会以这样的方式相会。说心里话，我今天拿到这个奖，并不是因为我的演技有多么好。我觉得是因为，我很幸运。

我很幸运，我比更多的人更早知道演员应该是怎么样的。刚才郑佩佩老师说了，我的第一部戏是跟她合作的。在拍摄现场，在横店的深秋，天气非常凉了，她拍戏的时候没有助理，有一场戏她要躺在地上，剧组在布景、布光，她就一直在那里躺了将近半小时。那个场景让我记忆非常深刻，我知道演员在现场应该是什么样的。

我很幸运，我比更多的人更早地知道了什么样的演员才是真正的演员。我要感谢林依晨，她对我说过两句话，是在我们拍摄《射雕英雄传》的时候说的。第一句，演戏是一个探索人性的过程。第二句话，她对我说，她是在用生命演戏。这两句话我会记住一辈子。

还有就是我有很多机会看到生活中一个真正的演员是什么样的。昨天我非常有幸和李雪健老师乘坐同一班飞机来到长沙，李雪健老师德高望重，这么大年龄，他只带了一个随行人员。我很惭愧，我带了三个，而且体型都非常壮硕。

所以，今天这个奖杯到了我手里，它并不是代表我到了多高的高度，而是代表我刚刚上路。这是一条创新之路，也是一条传承之路。艺术是需要创新的，但是追求艺术的敬业精神是需要传承的。

这段获奖感言自发布后，被无数人收藏、转发，也成了"堪比 3 分钟 TED 演讲"的发言，成为教科书式获奖感言。回过头来看这段感言，之所以能得到这么高的赞誉，原因有以下几点。

1）刻在骨子里的谦卑

作为一个获奖无数、家喻户晓的明星，胡歌整段发言的中心思想都是在表达自己的幸运，他幸运自己遇到了郑佩佩老师，从她身上知道了一个真正的演员应该是怎么样的；幸运遇到了林依晨，在她身上知道了"演戏是一种探索人性的过程""用生命去演戏"的职业价值观。最后，他还幸运地从李雪健身上学会了一位演员该有的谦卑。

这样一段将自己的身份放得很低的发言，让人瞬间感受到胡歌的温文儒雅。

2）不居功自傲

不言而喻，获奖感言是得奖后的发言。所以要提醒的是，如果获奖者是你，千万别忘了在你背后默默付出的人。

在胡歌的感言中，非常明显的特点是：明明获奖的是自己，但他一直非常真诚地夸奖别人，从导演、编剧到工作人员，这些话语让一起奋斗过的人听起来很舒服。

所以，假设有一天你有机会公开发表获奖感言，多夸一下与你并肩作战的同事、领导，是非常明智的。当然，在夸人时要注意分寸，不能"拍马屁"。

3）亲身经历

业内人之所以称胡歌的获奖感言堪比"3分钟TED演讲"，主要原因是他所讲的每一个观点背后都有一个自己亲身经历的故事，每一段经历都代表了他的一段心路历程。

有故事、有经历的演讲更容易打动观众，也难怪台下有人因这段感言落泪。

2. "满分作文"式获奖感言

无独有偶,除了胡歌的获奖感言,中国政法大学的罗翔老师在获得年度最高人气奖后的一段感言同样出彩。具体内容如下。

非常感谢,确实诚惶诚恐,这个奖项非常沉重,我感觉我有点搬不动,可能需要千千万万的人才能把它举起来。我不过用我的视频拨动了大家的心弦,大家被自己心中的正义感所感动,将不配有的荣光投射给我,草船借箭,所得真的是不配,这一切都让我感动,也感恩。在大家身上看到了中国法治的希望,也能让我感到,法治所倡导的公平和正义依然是人们心中最深的渴望。

这个世界并不美好,所以美好是值得我们去追求的,人生有很多的哭泣,所以笑看人生才是值得去努力的。这个冬天非常寒冷,愿我们的小伙伴都能抱团取暖,温暖自己,也温暖我们身边的人。

另外,这个奖杯又比较轻。其实我一只手就能够拿动,所以这也许提醒我,所有的奖项都跟花一样,跟草一样,花容草貌终究会枯萎,当我拿到这个奖项时,它就已经成为过去时了。最重要的,还是每天能够活在一种从容、笃定和盼望之中。

我时常问我自己:罗翔,你那些自我感动和感动他人的言语是不是只是一场表演?是不是巧于辞令和自我欺骗?你能不能有相应的行为彰显出来?

所以，我真的希望有一种力量，能够帮助我诚实地面对自己，认识到自己的有限、自己的愚蠢、自己的幽暗，能够靠着这种力量，每天活在一种坦然和不羞愧之中，在自己的使命中，能够超越这种虚荣和虚无，勇往直前，一无所惧。

这段被称为"满分作文"式的获奖感言，用简短的语言完美地阐述了"重和轻"的意义，也让观众看到了罗翔老师深厚的文化底蕴。

这段感言之所以"爆红"网络，是因为它能给人一种温暖的力量。他用寥寥数语告诉观众，无论遭遇什么样的境遇，只要你能从容笃定，就一定会看到这个世界中的一点点光芒。

罗翔老师的"正能量"也成了这段感言快速"出圈"的重要原因之一。作为获奖者，一定要有积极的、有力量的态度，尽可能传递"正能量"。

8.4.2 获奖感言四要素

学习完 8.4.1 节介绍的两篇各有特色的获奖感言后，你有没有发现它们的共同点呢？下面将介绍一篇能让观众感动的获奖感言需要具备哪些要素。

1. 语言简洁

获奖感言是在特定的情境中发表的，这就要求获奖者的语言表达要简洁有力，若啰嗦地讲一大堆没有用的话，观众一定会反感。

高明的获奖者往往善于运用简洁的语言表情达意。言简意赅的获奖感言常常会让观众受到感染，得到一些启发。

下面看一下一家公司的优秀员工评选大会上一位员工的获奖感言。

> 说实在话，今天获奖，喜出望外。因为自己没有给公司带来经济效益，只是在企业文化方面做了点力所能及的事。是公司成全了我，给了我学习企业的平台，给了我发挥余热的舞台。因此，我要衷心感谢公司领导对我工作的认可，对我的关心和奖励。感谢公司各位同人对我的包容、理解和帮助。

这样的获奖感言既简洁又朴实，还容易打动人心，活跃现场气氛。

2. 感言新颖

在同一场合发表获奖感言时，容易因为流程、氛围相同导致表达的内容雷同。若获奖者说一些前面的人说过的老话和套话，观众可能就会感到厌烦。因此，只有说出与众不同的感言，才能给观众留下深刻的印象。

我国首枚帆船奥运金牌得主徐莉佳，拿到特别贡献奖后的感言就让人眼前一亮，具体如下。

> 我赢或者不赢，团队都在那里，不怨不悔。我开心或失落，朋友都在那里，不悲不喜。我安康或伤痛，父母都在那里，不离不弃。感谢你们，成就了今天的莉佳，我的梦想就像600年前的郑和一样，让中国航海在世界

扬名。让我们载着中国的体育强国之梦，扬帆远航，踏浪前行。

这段获奖感言来自当年非常流行的"非诚勿扰体"，因为结合了当时的热点，所以它得以迅速走红。

3. 态度谦虚

无论何时，获奖者都应该以一种谦虚的态度发表获奖感言。毕竟一个人得奖的背后，往往是一群人在付出，只有将自己放在谦卑的位置上，才能让团队走得更远。

某位电影艺术家在领奖时谦卑地说："和我一起提名的艺术家们，你们提名是凭才华和实力，我获奖是靠运气。"

大家都知道，他得奖实至名归。但这位老艺术家仍然感谢了剧组及相关工作人员，唯独对自己的付出只字不提。这样谦卑的态度，瞬间让他成了观众称赞的对象。

4. 恰当的幽默

好的获奖感言能让观众听后感到轻松。获奖者发表感言时，最好不要因为心情激动或紧张而显得过分庄重和严肃。若能在获奖感言中加一些幽默的话语，不仅可以活跃现场气氛，还可以彰显获奖者的个人魅力。比如，黄渤的获奖感言是这样的。

> 是真的吗？这就是传说中的影帝耶！我说的是不是真的，不是指这个奖杯，而是指这个事情。你知道吗？记得刚考上电影学院的时候，有的同学就说"黄渤也考上电影学院了？现在的招收标准太松了吧！"（全场爆笑）。

后来，我和一帮帅哥美女同学去试镜，导演跟帅哥美女们聊了很久，过来很有礼貌地跟我说："请问你是他们的经纪人吧？"（观众爆笑）

还有一位长辈知道我要演戏了，就对我说："女怕嫁错郎，男怕选错行"（全场爆笑），"看样子我选对了"（全场鼓掌）！

在不太严肃的获奖场合，尽可能加一些幽默元素，能瞬间拉近你与观众的距离。

总的来说，发表获奖感言是一种特殊的演讲，它不同于普通演讲，它不仅需要考虑场合是否特殊，也要求演讲者能展示出自己的特点。因此，每一个获奖者都应该根据不同的场合，调整好临场发挥的心态，用最恰当的语言表达出内心最想感谢的人或事。唯有真诚，才能让自己的获奖感言打动每一个观众。

8.5 清晰的述职报告

你已经完成了超过一半的演讲游戏挑战，欢迎来到第五关——完成述职报告。

清晰的述职报告需要经过认真策划，才能有效地展示工作成果和价值，提高个人的职场竞争力。下面介绍如何做一份清晰明了的述职报告。

8.5.1 述职报告注意事项

1. 突出工作成果或业绩

在进行述职演讲时,演讲者要突出自己工作中的成果或业绩。需要注意的是,这些成果或业绩最好进行量化,例如,具体增长的数据或者提高的百分比,这样领导才能看到演讲者在工作中所取得的实际成效。这里有五个小技巧可以帮助你在述职演讲中更好地展示自己的工作成果。

(1)使用具体数据和事实:数据可以直观地说明工作成果如何对组织产生影响。使用具体数字、图表和案例等信息,有助于让工作成果更容易"被看见"。

(2)突出关键绩效指标(KPI):为了让管理层更好地理解项目或任务的重点,需要提炼出关键绩效指标,阐明这些指标的背景和目标,并将其与实际结果进行比较。

(3)强调个人贡献:在介绍工作成果时,最好能突出自己在项目或任务、团队或组织中所起的作用,特别是那些能够对组织产生积极影响的部分,要着重强调。

(4)描述工作流程:描述工作流程的目的是让观众更好地理解你的工作过程。你在描述工作流程时,应该注重逻辑性和清晰度,以便观众更好地跟随你的思路。

(5)利用图像和示意图:在介绍复杂概念或流程时,可以使用 PPT 展现图像,以帮助观众更好地理解你的工作成果和工作过程。

简而言之,在进行述职演讲的过程中,你要更好地描述工成果和工作过程,注重细节和逻辑性,并尽可能让信息更加直观、清晰。

2. 描述自我成长和能力提升

在述职演讲的过程中,除了突出工作成果和工作过程,你还需要描述在工作中自我成长和个人能力的提升。这些成长可以是技能方面的提升、人际关系的改善、团队合作的优化等。另外,你也要表明自己在工作中的积极态度和专业精神,例如,主动承担工作、认真负责等。

若你是职场新人,你的工作成果可能并不突出,对团队的贡献也不大,则可以从"突出自身成长"的角度来述职。这不仅能展示你入职后在快速成长,还能给观众留下深刻印象,让领导关注到你是"潜力股"。

3. 强调未来的发展计划

在述职演讲中展示自己的过去和现在的表现后,你还要强调自己未来的发展计划,可通过阐述自身的职业规划、未来想要实现的目标、希望得到的支持等方式来体现。这样不仅可以展示个人的上进心,还可以表明自己在未来的工作中仍然有很大的发展空间。

4. 重视修改和练习

在完成述职报告的草稿之后,一定要认真阅读和修改。要仔细查看,对文案的逻辑关系、文字表述进行修订。当然,在有条件的情况下,建议多进行演讲练习,对着镜子演讲是一个不错的方法。

在演讲的时候，最好能做到沉着自信、落落大方。在讲述工作过程和成果的时候，要注意语调的变化，切忌一板一眼，毫无波澜。在能突出自身工作业绩的数据、事实上，可以多用重音、停顿、升降调的方法来强调，方便对方能够准确捕捉到信息。

总之，一份优秀的述职报告应该突出工作成果和业绩，描述自我成长和能力提升，强调未来的发展空间和计划，并采用简洁的语言和富有层次的逻辑方式来表达。只要掌握了这些要点，相信你的述职报告一定能让人耳目一新。

8.5.2 述职报告参考结构

当你回想以往参加过的述职演讲时，你对大家的述职报告印象如何？是不是觉得大家的述职报告几乎都差不多，听后让人昏昏欲睡？

为了避免这种情况发生，也为了能让你的述职报告能够言简意赅，建议采用一些经典的文案结构来介绍工作过程和工作成果。在汇报工作时，采用经典的结构可以帮助你更好地梳理思路和组织语言，也更容易引起观众注意。

下面总结了几个常用的经典结构，若你的述职报告无从下手，不妨看看下面的内容。

1. 过去 + 解决方案 + 未来

这种结构能够使观众更好地了解你过去面临的困难、当前遇到的挑战和未来的应对策略。具体的演讲步骤如下。

- 过去：介绍你遇到的问题或项目。

- 解决方案：详细描述你采取的解决方案，包括方法、策略和执行计划。

- 未来：提出下一步的行动计划和目标。

2. 问题 + 煽动 + 解决方案

这种结构旨在通过情感煽动来使观众产生共鸣，并呼吁他们采取行动。具体的演讲步骤如下。

- 提问：提出一个问题，让观众产生共鸣。

- 煽动：进一步强调问题的严重性和紧迫性，让观众感受到压力和焦虑。

- 解决方案：提出解决问题的方案或建议，让观众知道应该采取什么行动。

3. 情境 + 任务 + 行动 + 成果

这种结构是非常简单、明了的，适合描述工作成果和业绩。具体的演讲步骤如下。

- 情境：介绍你目前面临的问题或挑战。

- 任务：描述公司所设定的或你需要完成的任务或目标。

- 行动：详细阐述你采取的行动和策略。

- 成果：总结你取得的成果和效益。

4. 引起注意 + 激发兴趣 + 引导对话 + 促成行动

这种结构旨在通过引起观众的注意、激发兴趣和建立对话来促进行动。具体的演讲步骤如下。

- 引起注意：提出引人注目的标题或问题来吸引观众的注意力。

- 激发兴趣：展示一些有趣的事实或数据，让观众产生兴趣。
- 引导对话：与观众建立联系，引导他们思考问题。
- 促成行动：提供解决方案和行动计划，鼓励观众采取行动。

以上四种经典的结构都可以用于汇报工作。采用这些结构写出的述职报告能使观众更容易理解，也更容易吸引观众的注意力。

在汇报工作时，你可以根据具体情况选择不同的结构来整理思路和组织语言。但无论哪种结构，都应该尽可能简洁明了地传达信息，遵循"话说到点子上，不要啰嗦"的原则。

8.5.3 述职报告通用模板

通过前面的介绍，相信你对写述职报告的注意事项和结构已经有了大致了解。接下来，咱们就套用模板，写一份简单的述职报告。

这次以"情境 + 任务 + 行动 + 成果"为框架，来看看一份通用的年度述职报告要如何完成。

1. 开场

开场需要对到场的领导、同事或其他来宾发出问候，并进行简单的自我介绍，以及简要阐述你的工作目标和工作背景，包括你的职责、任务和工作流程。

2. 描述情境

这部分需要介绍所在团队的背景和目标，以及你所做项目的具体情境。概括性地描述团队的整体业务状况和市场环境。

3. 任务

这部分需要列出你在本年度内负责的任务和项目，包括关键目标和里程碑。针对每个任务，尽可能具体地描述要求和期望结果。

4. 行动

这部分需要详细描述你采取的行动策略，包括如何制定计划、分配资源、沟通协作等内容。对于每项任务，进行可行性分析，并提供具体的实施细节，如使用哪些工具、与哪些人员合作等。

5. 具有数据支撑的成果

这部分需要提供数据证明自己的工作成效，包括完成的任务数量、时间管理、成本控制、客户满意度等。以数字为基础的统计和指标是必不可少的，并且确保这些数据是准确和可靠的。

6. 自我成长和能力提升

这部分需要概述你从过去一年的工作中学到的新技能，以及如何逐渐扩展自己的职业发展路径。着重强调自己在过去一年中的成长和进步，同时也指出未来需要继续发展的领域。

7. 总结

这部分需要总结你在过去一年中的工作成果和贡献，并展望未来的工作计划和目标。对于任何没有完成的任务，要在报告中解释原因并提出应对方案。

8. 致谢

最后，向所有支持和帮助你的人表示感谢，包括同事、上级、下属等，这有助于增强团队合作。

在下一节，你将掌握下一个技能：如何自信地进行一段应聘展示。

8.6 自信的应聘展示

欢迎来到演讲游戏的第六关——应聘展示。这一关的内功心法将助你从竞争者中脱颖而出，应聘成功。期待你通过学习本关内容后能大放异彩。

如果说上一节介绍的述职报告帮我们解决了"出口"问题，那么本节介绍的应聘展示则解决的是"入口"问题。就业是民生之本，自信的应聘展示能为我们的面试锦上添花。

面试与相亲类似，求职者希望找到一位知人善任的老板，用人单位则希望找到配合度极高的合作伙伴。不少公司都会用到胜任力模型（如：坚毅、责任心、创造力、团队合作）来对求职者进行评估，采用的大多是结构化的行为面试。

我曾经给上海大众 4S 店的总经理和高管团队做过一系列培训，就是教他们怎么进行结构化的行为面试，利用设计好的问题和胜任力模型，通过求职者的回答，来判断其是否符合胜任力的要求，判断原则是：过去的行为代表未来的行为。作为求职者，就需要讲过去的行为，讲过去努力的过程和获得的成绩，来取得面试官的信任。

求职者应该都听过下列类似的问题：

- 请简单做一下自我介绍。
- 你的优缺点是什么？
- 你对我们公司了解多少？
- 你为什么选择我们公司？
- 讲一讲最有成就感的一件事。
- 如果公司录用了你，你将怎样开展工作？

……

下面针对一些常问的问题进行详细介绍。

1. 自我介绍

在应聘时，求职者如何靠一段简单的自我介绍脱颖而出？一般人通常会说姓名、年龄、爱好、工作经验，但这些在简历上都有。

企业最希望知道的是求职者能否胜任工作，包括：最强的技能、最深入研究的知识领域、个性中最积极的部分、做过最成功的事、主要的成就等，这些都与突出的个性和做事的能力相关，求职者只有合情合理地介绍自己，企业才会相信。

除此以外，企业都比较重视员工素养，求职者要尊重面试官，建议在回答每个问题之后都说一句"谢谢"。

我会建议求职者最多用 20 秒介绍自己的姓名、背景、专业。接着要快速引出自己的优势或强项。一定要在最短的时间内让面试官对你产生好感。

推荐的模式如下。

我叫×××，英文名叫×××（如果面试外资企业，可以说出英文名），今年6月将从××学校××专业毕业。除了简历上您看到的介绍，我特别说一下我在×××方面的特长或我最大的特点是……（给出示例）。正是基于对自己这方面的自信，使我有勇气来应聘贵公司的×××职位。（看表）20秒到了，希望我没有超时。（阳光、自信的微笑）

2. 说出自己的优点

在进行自我介绍时，除了基本信息，求职者也要强调自己的优点。如果被问"最大的优点是什么？"你可以通过以下步骤去发现自己的优点。

（1）找出三到五个优点。

（2）每个优点找出一到两个例子，举例最好从学习、工作和生活三个方面入手，而不是只从一个方面来谈。

（3）在这三到五个优点中精选出一两个与所申请的职位最相符的。

模式可以是：我曾经在某某公司有过一到两年的培训及项目实战经验。在工作期间，我完成××项目，我相信我能胜任这份工作。

注意：一定要通过过去的经历和成绩来证明你的优点。

3. 说说自己的缺点

在通常情况下，企业在了解员工优势的同时也希望了解员工的不足。所以,"你最大的缺点是什么?"这个问题在面试时经常被问到。

需要提醒的是,如果你说自己小心眼、爱忌妒人、非常懒、脾气大、工作效率低,企业肯定不会录用你,但也不建议自作聪明地回答"我最大的缺点是过于追求完美"。有的人以为这样回答会显得自己比较出色,事实上,这种看似自贬,实则自夸的说法很容易让面试官反感。

企业喜欢求职者从自己的优点说起,中间加一些小缺点,最后把问题转回到优点上,突出优点的部分,这样聪明的求职者一定会受到面试官的关注。当然也需要注意以下几点。

(1)避免避重就轻,说一个算不上缺点的缺点。比如,待人太客气,做事有些保守。

(2)避免谈非职业的缺点,比如,有感情洁癖、挑食、做饭经常做糊等。

(3)避免谈自己无法改进的弱点,比如,记忆力不好、理解力差等。

(4)避免谈到致命弱点,比如脾气怪异、不喜欢与人合作、经常迟到或早退等。

那么,怎样向面试官说出你的缺点最好呢?这里给出三个建议。

(1)谈已经在改的缺点或有明确计划要改正的缺点,尤其是你能够充分证明在近期就可以解决的缺点。

(2)谈一个利用你的优点改正的缺点,顺便引出一个优点。

（3）谈一个真实的缺点。记住：一定不要在简历上弄虚作假。可以选择性地介绍你的经历，突出学到或用到的关联技能，忽略无关部分。

4. 说出你对薪资的要求

如果你对薪酬的要求太低，会让人感觉你在贬低自己的能力；如果对薪酬的要求太高，又会显得不切实际，企业会认为雇不起你。

以下两个例子可以参考一下。

例1：我对工资没有硬性要求，我相信贵公司在处理我的问题时会合理考虑。我注重的是找对工作机会，所以只要条件公平，我不会计较太多。

例2：我受过系统的软件编程的训练，不需要进行大量的培训，而且我本人也对编程特别感兴趣。因此，我希望公司能根据我的情况和市场标准的水平，给我合理的薪水。

注意：如果要求你必须说出具体的薪水，请不要说一个大的范围，那样你将只能得到最低限度的工资。最好给出一个具体的数字，这样表明你已经对当今的人才市场做了调查，知道像自己这个学历的雇员有什么样的价值。

5. 你对加班有什么看法

当你被问到"对加班有什么看法？"时，你会怎么回答？

很多公司问这个问题的目的并不表示将来一定会加班，只是想测试你是否愿意为公司奉献。那么我们要怎么回答？不妨这样说：如果工作需要，我会义不容辞地加班，但同时我也会提高工作效率，减少不必要的加班。

6. 工作中难以和同事、上司相处，你该怎么办

这个问题考验的是人际关系能力，建议的回答如下。

我会服从领导的安排，配合同事的工作。从自身找原因，仔细分析是不是自己做得不好，让领导不满意、同事看不惯。还要看看是不是自己为人处世方面做得不好，如果是，我会努力改正。如果找不到原因，我会找机会跟他们沟通，请他们指出我的不足，有问题就及时改正。优秀的员工应该时刻以大局为重，即使在一段时间内，领导和同事对我不理解，我也会做好本职工作，虚心向他们学习。我相信，他们会看见我在努力，总有一天会对我微笑的。

7. 你对应聘的公司了解多少

建议每位求职者提前了解一下应聘企业的主营业务，一般在企业官网上都可以查到，也可以结合媒体的相关报道整理企业相关信息。

8.7 诚恳的道歉信

恭喜你,前六关已经通关,接下来我们进入演讲游戏的第七关——写诚恳的道歉信。在这一关,我会告诉你人生最需要的一项技能:道歉。帮你认清自我,学会借力。希望你尽快通关。

前面分析了那么多案例,是不是对"生活处处是演讲"这句话又有了更深一层的理解?我们必须承认:会演讲的人,在生活中真的占尽优势。

一般来说,演讲者都很擅长用诚恳的道歉话术来扭转不利的局面。当然,这种功力并不是每个演讲者都具备的,这不仅需要演讲者对人性有一定了解,还需要具备一些演讲知识和技巧。

1. 范例

一份能打动人的道歉信一定是态度诚恳、言辞真诚的。只有发自内心地承认错误,才有可能让接受道歉的人感受到你的诚意,抚慰他们受伤的心灵。比如:在2008年的汶川大地震中,一位姓范的老师因为没有第一时间疏散学生,而是自己先跑到操场,被一位媒体记者讥笑为"范跑跑"。在那段充满压抑的时间里,他的出现给网友们的情绪找到了一个突破口。一时间,无数愤怒夹杂着谩骂而来,这位老师也频繁以"范跑跑"这一负面形象出现在各大新闻头条。

多年过去了,当时报道此事的记者深刻反思:在灾难面前保证自己的安全,也许并没有错,我们不能道德绑架别人。于是便有了那位记者对范先生的道歉信,内容如下。

尊敬的范先生,您好!

下午朋友转我一篇文章,题目是《汶川地震后,"范跑跑"的这七年》。一看标题,我心里就堵了。

其实几年前就堵了。那次电话采访你,成稿后提交时,我在标题中写有你的全名——范美忠。刊出时,还是被改成了"范跑跑"。

我很愧疚,觉得对不起你。无论怎样,名字公开刊出,已是伤害,是侵权。

别以为我有多高尚。在那次采访你之前,震后不久,我以嘲讽批判的笔调写评论,甚为蔑视地称你为"范跑跑",还对其他人出语不敬。那篇文章如今在网上仍能搜到,是一个无法消除的证据,令我汗颜,无地自容。

媒体从业十余年,出语轻狂的、践踏性的文字又何止这一篇。我永远没有机会消除它们了,更加没机会消除的是这些文字、言语给当事人带去的伤害,我根本记不得有多少。

我更容易记得的是自己做过的所谓正面报道、公益报道、慈善事件、大人物……

其实那次和你以及你的夫人有过多次电话交流,已超出采访范畴。如果没有地震,或没有那样一篇文章,你们或是一对倡导人文教育的精英伉俪——对生命存在价值的尊重，对于人应当接受怎样的教育、享受怎样的生活、生命的意义……你们的很多观点都令我耳目一新。

所以，那次访后见报稿中出现的"范跑跑"让我越发不安。这愧意和其他种种"5.12"带来的感动，始终同在。

今天的文章，我看了。看了关于你成长历程的介绍，也对你有了更多的了解。从长年暴戾氛围的家庭中走出，你是全村考入北大的第一人。"5.12"改变了你的命运，却没有带走你对自我的坚持，一种近乎战斗的坚持。

我特别注意到的，是光亚学校校长卿光亚的一段话"地震的事对他的刺激非常大，我觉得他现在还是一个病人。他辞职的时候情绪是失控的，根本没有计划。"

七年过去了，有一个病人，始终被忽略着，那就是你。

即便现在如你所说，你达到了前所未有的平和，在庄子处找到了出路，也不能不说，过去这七年，你是孤身一人在与地震带来的种种病痛共处。

因为有一个更大的帽子扣在你身上——罪人。

你幸运地逃脱了震灾，保全了生命。这原本是值得庆贺的事，却因为一句话，被千夫所指，甚至被贴大字报要求杀掉全家……

想想都不寒而栗。

而我也是这千夫之一，并为此始终不安。几年来反省之余，我也会在思考，我们社会的道德、法律存在的意义是什么？是指导并服务于人的生活，支持协助每一生命个体存活、活得有尊严、活出好的生命品质，活出轻灵的生命状态，还是仅仅拿来评判一个人道德品质的高下，褒之贬之，或神化或妖魔化，或捧或杀？

指责谩骂你的人中，有我。有一个方向是好的，希望震灾中的每个人都获救。却为何，竟只因一言，对成功自救的你，如此无情否定？

为什么这样对待同是灾民的你？

我从自己身上找原因，找到的是这点：我把活成一个对的人、一个好的人，看作比活着本身更重要的事。

至少，在批判你的时候，我是怀着这样的认知的。

所以，当你从地震中活下来，却在一句话中呈现不够好的品质时，你的生命存在，也被否定。逃生，也成偷生。

对善的渴望力量大到失去理性时，就这样转成了对"不够善"的恶意批判。

有谁的逃生不值得庆祝？可你竟被钉在那个时空的耻辱柱上，天下之大，你的生命活力从此无由发挥。

今天，我就个人过去所有言论、文字对你的不敬处、伤害处，表示深深的歉意。对不起！

过去这几年，不安在心里。临到要表达，我犹豫再三，心存害怕。因为就像当年你无法预知自己所带来的影响一样，我也不知道这封公开发给你的致歉信会带来什么后果。

……

借着给您的歉意，我也在此，向所有我以各种方式攻击、诬蔑、贬损、戏弄、中伤过的所有人，致歉、忏悔，并请求宽恕。

这个过程很痛苦，我又何尝不是在努力找回自我宽恕的力量。

范先生，你曾在地动山摇的时刻勇敢逃生，这是恩典。过去这七年种种，也将因你顽强的意志与自我探索而成恩典。最后想说的是，祝福你，在未来更广大的天地里自由行走，发光。

……

这封道歉信一经发布，就以其真挚的情感、坦然的认错态度、恳切的言辞，瞬间"出圈"。

没多久，这封道歉信就得到了当事人范美忠的回应："已经收到你的道歉，谢谢！其实社会能否向我致歉，并不重要。每个人深夜不眠的时候，都将独自面对自己的灵魂和上天，那才是关键的。"

道歉，看似消极的行为，对于"冒犯者"和"被冒犯者"而言，都会产生巨大的、积极的力量，是人际关系中不可忽视的一环。

2. 道歉的关键

并不是所有的道歉都能获得对方的原谅。有些人习惯了去伤害他人，总以为一句"对不起"就能抹去自己所犯的错。事实上，那些毫无诚意的道歉只会让人更烦。

《爱的五种语言》的作者盖瑞·查普曼说道:"你是否真的为给别人造成的痛苦、失望、背弃感到后悔?真诚的道歉是在你说'对不起'的时候,并不指望对方说'没关系'。"

所以,如果你欠某人一句道歉的话,那么一定要在道歉时让受害者感受到以下一项或几项心理需求。

- 让受害者感受到被尊重。
- 让受害者知道错不在他。
- 展示自己因为犯错误所受到的惩罚。
- 道歉者为对方进行补偿。
- 确保受害者具有安全感。

需要注意的是,道歉时切忌使用被动语句,认错时切忌顺带其他条件。切忌对所犯的错误轻描淡写,切忌含糊不清或不诚恳地道歉,切忌施舍般地说"对不起",切忌质疑伤害是否存在。

人心都是肉长的,每个人情绪的阈值不一样,既然做错了事,就坦诚地告诉对方你的歉意。即便时过境迁,你也可以说出来,或许双方积压已久的心结从此就会打开,这何尝不是一种人生之幸呢?

后 记

恭喜你，完成了整本书的阅读，相信你已经对从 0 到 1 准备演讲有了清晰的思路和方法。最后，建议你做到 3 个"坚持"。

1. 坚持"霸占"舞台

我曾经在大庆的铁人王进喜公益学校做演讲时，看到学校的墙上写着王进喜的金句：有条件要上，没有条件创造条件也要上。

如果你想更快速地提升演讲能力，记住一句话：有舞台要上，没有舞台时，自己创造舞台也要上。有些时间的累积并不能带来太多的价值，比如"刷"短视频；但不断地"霸占"舞台，一定可以让你持续增值。

你也可以记录自己"霸占"舞台的次数、时长。想象一下：你在分享会的最后说"这是我第 178 次演讲，总演讲时长 168 小时 28 分钟。"这种感觉是不是让人很惊喜？

"霸占"舞台时间越长，你就会越自信；"霸占"舞台时间越长，你就会越放松。好好积累自己的舞台时间吧！

2. 坚持做演讲 +

演讲的可迁移能力是非常强的，可以用到各种不同的场景中，所以大家一定要用起来！

做演讲家，不如做演讲+。如果你之前只能一个一个地去谈客户，那么通过演讲+招商会，就可以一次谈一群人，效果会好很多倍；如果你之前只能一次推销一件商品，那就可以通过演讲+直播带货，把一批产品一次卖给一群人；如果你之前只能一次认识一个人，那就可以通过演讲+线上/线下分享，让一群人认识你、欣赏你。

坚持把演讲用在赢得人心的地方，不管是现在还是未来，如果想做成一件事，一定要赢得人心，得人心者得天下。

3. 坚持正能量

俗话说：良言一句三冬暖，恶语伤人六月寒。作为演讲者，我们的影响力更大，声音传播得更广，我们必须要以身作则，传播正能量。努力做到：一开口，就让世界变得更美好；一开口，就为别人带来价值。

有段时间，我不断问自己：人生的意义是什么？是赚钱吗？是名气吗？是当官吗？这些固然都很重要，但我内心的声音对人生的意义只有两个字：价值。我要成为一个对别人、对社会、对国家有价值的人。

一个真正幸福的人，往往不是拥有多大的财富和多高的地位，而是身心健康、家庭和谐，有一群志同道合且充满正能量的朋友，有一份自己热爱的事业，而终极的幸福就是这辈子活得有价值！

注意力在哪里，结果就会在哪里，如果一个人每天讲的话都是抱怨、指责、谩骂等，充满了负能量，他吸引来的也都不会好；

▶后记

如果一个人每天充满了正能量,那么吸引来的会越来越美好。就像我在书里写到的"不是因为好人就会讲好话,而是好话讲得多了,就成了好人。"幸福的人生,从坚持正能量,讲好每一句话开始。

坚持"霸占"舞台、坚持做演讲+、坚持正能量。大胆去演讲吧!